Rechtsprobleme der Transportdokumente

Europäische Hochschulschriften
Publications Universitaires Européennes
European University Studies

Reihe II
Rechtswissenschaft

Série II Series II
Droit
Law

Bd./Vol. 2356

PETER LANG
Frankfurt am Main · Berlin · Bern · New York · Paris · Wien

Xiao-bing Yang-Benckendorff

Rechtsprobleme der Transportdokumente

PETER LANG
Europäischer Verlag der Wissenschaften

Die Deutsche Bibliothek - CIP-Einheitsaufnahme

Yang-Benckendorff, Xiao-Bing:

Rechtsprobleme der Transportdokumente / Xiao-Bing Yang-Benckendorff. - Frankfurt am Main ; Berlin ; Bern ; New York ; Paris ; Wien : Lang, 1998
(Europäische Hochschulschriften : Reihe 2, Rechtswissenschaft ; Bd. 2356)
Zugl.: Bielefeld, Univ., Diss., 1997
ISBN 3-631-33163-0

D 361
ISSN 0531-7312
ISBN 3-631-33163-0

Vorwort

Die vorliegende Arbeit wurde im Sommersemester 1997 von der Fakultät für Rechtswissenschaft der Universität Bielefeld als Dissertation angenommen. Sie wurde von Herrn Prof. Dr. Norbert Horn betreut, dem ich an dieser Stelle herzlich für seine vielfältige Förderung danken möchte. Wertvolle Anregungen verdanke ich auch Herrn Prof. Dr. Harald Weber sowie meinem Ehemann, Herrn Hans-Peter Benckendorff, M.A. und Frau Dr. Ute Mockel, Frankfurt am Main.

Darüber hinaus möchte ich mich herzlich bei dem Deutschen Akademischen Austausch Dienst und der Stiftelsen Företagsjuridik, Stockholm, für die finanzielle Unterstützung bedanken.

Inhaltsübersicht

Inhaltsverzeichnis

Literaturverzeichnis

Abraham, Hans Jürgen: Das Seerecht, 4. Aufl., Berlin, New York 1974.

Albrecht: Hamburg-Rules – Warum?, in Hansa 1979, 895.

Arbeitsgemeinschaft für wirtschaftliche Verwaltung e.V.: Dokumentenverzeichnis des Außenhandels, Eschborn 1985.

Basedow, Jürgen: Dokumentelose Wertbewegungen im Gütertransport, in: Kreuzer (Hrsg.), Abschied vom Wertpapier?, Neuwied/Frankfurt 1988, S. 67 ff.

Baumbach/Hopt: Handelsgesetzbuch, 29. Aufl., München 1995.

Baumbach/Hefermehl: Wechselgesetz und Scheckgesetz mit Nebengesetzen und einer Einführung in das Wertpapierrecht, 17. Aufl., München 1990.

Baumbach/Lauterbach/Albers/Hartmann: ZPO, 52. Aufl., München 1994.

Baumgärtel-Laumen: Handbuch der Beweislast im Privatrecht, Kommentar, Allgemeiner Teil und Schuldrecht des BGB, Köln 1982.

Beplat, K.. Probleme der Einführung des Containerverkehrs, Diss. Hamburg 1968.

Bergsten/Goode: Legal Questions and Problems to be overcome, in: Thomsen/ Wheble: Trading with EDI – The Legal Issues, London 1989, S. 127 ff.

Bieber: Das neue französische Seefrachtrecht, Diss. Frankfurt/M. 1972.

Boldt, G.. Der Containerverkehr im Spiegel der Fakten; in Jahrbuch des Schiffahrtswesens, Darmstadt 1972, S. 68.

Brauner, Karl-Ernst: Das Erklärungsrisiko beim Einsatz von elektronischen Datenverarbeitungsanlagen, Bonn 1988.

Burger, Ulrike: Probleme der gesetzlichen Schriftform, Diss. München 1975.

Canaris, Claus-Wilhelm: in Großkommentar zum HGB, 4. Teil, Bankvertragsrecht, 2. Bearbeitung, Berlin, New York 1983, Band 3.

Carver. Carriage by Sea, Vol. I, II, 12. Ed; mitbearbeitet von Colinvaux, London 1971.

Clemens, Rudolf: Die elektronische Willenserklärung – Chancen und Gefahren, NJW 1985, 1998.

Colinvaux, R.: Universal Short-Form Bill of Lading, in: Europ.TranspR. 1973, S. 442.

Davies/Jackson/Nordstrom: Destination Bills of Lading for Interstate Commerce, Am. Bus. L. Journ. 12 (1974-75) 53.

Dumke, Wolfgang: Das Konnossement als Wertpapier, Diss. Hamburg 1970.

von Eben-Worlée, Albrecht, Die Übereignung und Verpfändung schwimmender Ware mittels Konnossement und die dafür geltenden Bankbestimmungen, Diss. Hamburg 1949.

Eberth, Rolf: Zur Rechtsnatur der ERA, in: Barfuß, Werner/Neumayer, Karl-Heinz: Festschrift für Karl H. Neumayer, Baden-Baden 1985.

EG-Kommission (Hrsg.): The Legal Position of the Member States with Regard to Electronic Data Interchange, Brüssel September 1989.

Ellen/Campbell: International Maritime Fraud, London 1981.

ERA 400, ICC-Publikation Nr. 400, Einheitliche Richtlinien und Gebräuche für Dokumenten-Akkreditive 1983.

ERA 500, ICC-Publikation Nr. 500, Einheitliche Richtlinien und Gebräuche für Dokumenten-Akkreditive 1993.

Erman, Handkommentar zum Bürgerlichen Gesetzbuch, hrsg. von Harm Peter Westermann, 9. Aufl., Münster 1993, Band 1.

Farnsworth: Documentary Drafts under the Uniform Commercial Code, RabelsZ 30 (1966).

Finger, Hans-Joachim: Eisenbahn-Verkehrsordnung, Kommentar, 5. Aufl., München 1979 ff.

Flume, Werner: Allgemeiner Teil des bürgerlichen Rechts II, 3. Aufl., 1979.

Franken, Eckard: Dingliche Sicherheiten und Dokumente des kombinierten Transports, Diss. Köln 1982.

Fritzemeyer/Heun: Rechtsfragen des EDI, in: CR 1992, 129.

Ganten, Reinhard: Die Rechtsstellung des Unternehmers des kombinierten Verkehrs (CTO), Diss. Hamburg 1978.

ders.: Stand und Problematik der Arbeiten im Rahmen der Vereinten Nationen zur Vereinheitlichung des Rechts des kombinierten Verkehrs, in: Heft B 39 der Schriftenreihe der DVWG, S. 55 f., Düsseldorf 1977.

Gautschi: Das Akkreditiv im Lichte der neuen internationalen Richtlinien, SchwJZ 1964, 33.

Gilmore-Black: The Law of Admiralty, 1. Brooklyn 1957.

Gleisberg, Gunter: Die Prüfung von Dokumenten des kombinierten Transports beim Dokumenten-Akkreditiv – Art. 23 "Einheitliche Richtlinien und Gebräuche für Dokumenten-Akkreditive" –, Köln 1980.

Goebel/Scheller: Elektronische Unterschriftsverfahren in der Telekommunikation, Braunschweig 1991.

Goldschmidt, L.. Handbuch des Handelsrechts I 2, Stuttgart 1868.

Goltermann, Erich (Hrsg.): Eisenbahnverkehrsordnung, Berlin 1939.

Gram: The Tanker Bill of Lading Must Behave or Go: Lloyd's List, Supplement 29.1.1981.

Grönfors, Kurt: Vortrag auf der BIMCO-Tagung vom Mai 1971 über kombinierten transport und Haftungsprinzipien, in. Hansa 1971, 1270.

ders.: Die Harmonisierung des Transportrechts und die Hamburger Regeln. RabelsZ 42 (1978), 696.

ders.: Cargo Key Receipt and Transport Document Replacement, Göteborg, 1982

ders.: The Paperless Transfer of Transport Information and Legal Functions, in: Schmitthoff/Goode, International carriage of goods: some legal problems and possible solutions, Großbritannien 1988.

ders.: Towards Sea Waybills and Electronic Documents, Göteborg 1991.

Großkommentar zum HGB, 3. Aufl., Berlin, New York 1982, Band 5.

Heerwagen, Rudolf: Direkte Beförderungen im gemischten Eisenbahn-Übersee-Verkehr, ihre wertpapierrechtliche und haftungsrechtliche Durchführbarkeit im deutschen Recht, Diss. Hamburg 1958.

Heini, Anton: Das Durchkonnossement (Through Bill of Lading), Diss. Freiburg/Schweiz 1957.

Hellwig, Konrad: Die Verträge auf Leistung an Dritte, Leipzig 1899.

Helm, Johann Georg: Das Dokument des kombinierten Transports – ein neues Wertpapier – in Festschrift für Wolfgang Hefermehl, München 1976, S. 57.

Henriksen. The Legal Aspect of Paperless International Trade and Transport, Kopenhagen 1982.

Herber, Rolf: Auf dem Weg zu einem Übereinkommen über die Haftung beim kombinierten Verkehr? in: Hansa 1973, 7.

ders.: Das Übereinkommen der Vereinten Nationen über Beförderung von Gütern auf See, in: Hansa 1978, 969.

ders.: UN-Übereinkommen über den internationalen multimodalen Gütertransport, in: Hansa 1980, 950.

Heymann, Ernst: Die dingliche Wirkung der handelsrechtlichen Traditionspapiere, in Festgabe für Felix Dahn, Breslau 1905, Band 3.

Heymann: Handelsgesetzbuch, 21. Aufl., Berlin 1989, Band 4.

Holzhauer, Heinz: Die eigenhändige Unterschrift, Frankfurt a.M 1973.

Hörig/Barthel: UN/EDIFACT, CR 1990, 484.

Hueck/Canaris: Recht der Wertpapiere, 12. Aufl., München 1986.

Knauth, A.: The American Law of Ocean Bills of Lading, 4. Aufl., Baltimore 1953.

Köhler, Helmut: Die Problematik automatisierter Rechtsvorgänge, insbesondere von Willenserklärungen, AcP 182 (1982), 126.

Krause, G.: Schiffahrtsausschuß der UNCTAD, eine Nachschau zur 5. Tagung, in: Hansa 1971, 1181.

Kuhn: Rechtshandlungen mittels EDV und Telekommunikation, München 1991.

Liesecke, Rudolf: Neuere Entwicklung im Konnossementenrecht, in: Hansa 1967, 1496.

ders.: Das Dokumentenakkreditiv in der neueren Rechtsprechung des Bundesgerichtshofs, WM 1960, 210.

ders.: Die neuere Rechtsprechung, insbesondere des Bundesgerichtshofes, zum Dokumentenakkreditiv, WM 1966, 458.

Makower, H.: HGB mit Kommentar, 13. Aufl., Berlin 1907, Band 2.

Marais, G.: La prochaine conférence d'Amsterdam du Comité maritime international, in: DMF 1969, 195.

Maritime Fraud and Piracy, Review and Analysis of Possible Measures to Minimize the Occurence of Maritime Fraud and Piracy – Report by the UNCTAD Secretariat, UN-Dokument TD/B/C. 4/AC. 4/2 vom 21.9. 1983.

Massey, E.A.: Prospects for a New Intermodal Legal Regime: A Critical Look at the TCM, in: 3 J. of Mar. L & Comm. 1972, S. 725.

Merges/Reynolds: Toward a Computerized System for Negotiating Ocean Bills of Lading, The Journal of Law and Commerce, Pittsburgh 6 (1986) 23, 37 N. 52.

Messerschmidt, L.: Das Verfrachterkonnossement, Diss. Hamburg 1949.

Millard, Christopher J.: in: Ian Walden, EDI and the Law, London 1989, S. 43.

MüKo: Münchener Kommentar zum BGB, 2. Aufl., München 1984, Band 1.

Nielsen, Jens: Import- und Exportsicherung auf dokumentärer Grundlage, Köln 1988.

Nilson, Ake: The insurance Aspect, in: Thomsen/Wheble, Trading with EDI – the Legal Issues, London 1989, S. 118.

Nöller, Werner Burkard: Die Technik des Trägerschiffsverkehrs in ihrer wirtschaftlichen und rechtlichen Problematik, Diss. Frankfurt/M 1973.

Norf, Michael: Das Konnossement im gemischten Warenverkehr – insbesondere am Beispiel des Containerverkehrs, Karlsruhe 1976.

Palandt: Bürgerliches Gesetzbuch, 56. Aufl., München 1997.

Pappenheim, M.: Handbuch des Seerechts; Schuldverhältnisse des Seerechts II, München und Leipzig 1918.

Peters: Rechtsprobleme des Akkreditivgeschäftes, WM 1978, 1030.

Petersen: Die Verpflichtung der Akkreditivbanken zur Aufnahme und Honorierung bei Abweichungen in den vorgelegten Dokumenten, WM 1962, 622.

Pongratz, Erwin: Die Zivilen Orderpapiere, zugleich ein Beitrag zur Lehre von den Rektapapieren, Diss. Würzburg 1971/1975.

Prüßmann/Rabe: Seehandelsrecht – Kommentar, 3. Aufl., München 1992.

Ramberg, Jan: The Multimodal Transport Document, in: Schmitthoff/Woode: International carriage of goods: some legal problems and possible solutions, Großbritannien 1988, S. 1.

ders.: Title to the goods during transport, in: Thomsen/Wheble: Trading with EDI – the Legal Issues, London 1989, S. 185 ff.

Raubenheimer: Andreas, EDI im Bereich von Steuer und Buchführung, CR 1993, 19.

Rehfeldt/Zöllner: Wertpapierrecht, 12. Aufl., München 1978.

Reinskou: Bills of Lading and ADP – Description of a Computerized System for Carriage of Goods by Sea, Journ. Media L. Pract 2 (1981), S. 160.

RGRK: Das Bürgerliche Gesetzbuch mit besonderer Berücksichtigung der Rechtsprechung des Reichsgerichts und des Bundesgerichtshofs. Kommentar, herausgegeben von Mitgliedern des Bundesgerichtshofs, 12. Aufl., Berlin, New York 1982, Band 1.

Ring/Hartstein: Bildschirmtext heute, – Neues Recht und Praxis, München 1983.

Rodière, R.: Traité général de droit maritime, Affrétements & Transports, Paris 1970, Band 2.

Sassoon, D. M.: Trade Terms and the Container Revolution, in: 1 J. of Mar. L. & Comm. 1969, S. 73.

Schaps/Abraham: Seerecht – Seehandelsrecht, in zwei Teilen, 4. Aufl. Berlin, New York 1978.
Scheer, Jürgen W.: Die Haftung des Beförderers im gemischten Überseeverkehr – Studien zum Container-Durchfrachtverkehr, Diss. Hamburg 1969.
Schlegelberger: HGB Kommentar, 5. Aufl., München 1973 ff.
Schlegelberger-Liesecke, Seehandelsrecht, zugleich Ergänzungsband zu Schlegelberger, Kommentar zum Handelsgesetzbuch, 2. Aufl., Berlin und Frankfurt am Main 1964.
Schneider, J.: Praxis des EDV-Rechts, Köln 1990.
Seidel, Ulrich: Dokumentenschutz im elektronischen Rechtsverkehr, CR 1993, 409.
Sneed: A Proposed Solution to the Documentary Problem of Airborne International Trade, Harv. L. Rev. 65 (1952), 1392.
Soergel: Kommentar zum BGB, 12. Aufl., Stuttgart, Berlin, Köln, Mainz 1987.
Spiegel, Der: Container und andere moderne Transportsysteme; Reihe: Expandierende Märkte, Hamburg 1972, Band 3.
von Sponeck: Beweiswert von Computerausdrucken, CR 1991, 269.
Status of work: Maritime Fraud – Status of the work of non-governmental organizations to combat maritime fraud, UN-Dokument TD/B/C. 4/AC. 4/9 vom 22.8.1985.
Staudinger: Kommentar zum Bürgerlichen Gesetzbuch, §§ 90-240, 13. Aufl., Berlin 1993.
Steinschulte, Fritz-Peter: Haftungskonflikte beim sog. Durchfrachtverkehr, Diss. Bochum 1980.
Stelkens/Bonk/Leonhardt. Verwaltungsverfahrensgesetz, 4. Aufl., München 1993.
Stengel, Eberhard: Die Traditionsfunktion des Orderkonnossements – Wechselwirkungen zwischen Sachenrecht und Wertpapierrecht, Köln, Berlin, Bonn und München 1975.
Sundberg: The Changing Law of Air Freight, Air Law 6 (1981), 230.
Tetley: Waybills: The Modern Contract of Carriage of Goods by Sea (I), J. of Mar. L. & Comm. 14 (1983).
von Tegelen, Otto Wilhelm: Betrachtung der Haftungsfragen im kombinierten Verkehr unter besonderer Berücksichtigung der praktischen Probleme, in: Heft B 39 der Schriftenreihe der DVWG, S. 31, Düsseldorf 1977.
Thomas/Putzo: ZPO, 17. Aufl., München 1991.
Thomsen, Hans B.: Background, in: Thomsen/Wheble: Trading with EDI – The Legal Issues, London 1989, S. 11.
Ulmer/Brandner/Hensen: AGBG, 6. Aufl., Köln 1990.
Ventris: The Bill of Lading in the Oil Tanker Trade, Lloyd's Mar. Com. L. Q. 1981, S. 479.
Verbraeck: "Sea Docs": un projet révolutionnaire de la Chase Manhattan Bank pour la protection du connaissement: Lloyd Anversois, 24.5.1984 Nr. 38415 S. 1 und 3; 25./26.5.1984 Nr. 38416 S. 3; 27./28.5.1984 Nr. 38417 S. 2.

Viebke: "Durch Datenverarbeitungsanlagen abgegebene" Willenserklärungen und ihre Anfechtung, Diss. Marburg 1972.

Vortisch – Zschucke: Binnenschiffahrts- und Flößereirecht, 3. Aufl., Berlin 1964.

Weber, Johann-Ahrend: Warenpapiere ohne Traditionsfunktion, Diss. Bonn 1978.

Weibgen, Hans Joachim: Das Durchkonnossement und seine besonderen Klauseln, Leipzig 1930.

Weigel: Qualitätssicherung von EDV-Software, S. 864, in: Handbuch der Qualitätssicherung, Hrsg. Walter Masing, München/Wien 1980, S. 861.

Williams: Waybills and Short Form Documents: A Lawyers' View, Lloyd's Mar. Com. L. Q. 1979.

Wüstendörfer, Hans: Neuzeitliches Seehandelsrecht, 2. Aufl., Hamburg 1950.

ders.: Leistungen und Grenzen der internationalen Vereinheitlichung des Seehandelsrechts, MDR 1951, 449.

Zahn/Eberding/Ehrlich: Zahlung und Zahlungssicherung im Außenhandel, 6. Aufl., Berlin, New York 1986.

Zeller, Sven: Die neue Skripturhaftung bei Konnossementen im Seehandelsrecht, Diss. Frankfurt am Main 1994.

Zöllner, Wolfgang: Wertpapierrecht, 14. Aufl., München 1987.

Züchner, Rudolf: Zur Rechtsnatur des Beförderungsvertrages beim Huckepackverkehr, VersR 1966, 900.

Zuther: Die Auswirkung der Rationalisierung im Rechtsverkehr auf die Abgabe und Anfechtung von Willenserklärungen, Diss. Hamburg 1968.

Abkürzungsverzeichnis

AMC	American Maritime Cases
BSchG	Binnenschiffahrtsgesetz
bzw.	beziehungsweise
CMI	Comité Maritime International
CMI Rules	CMI Rules for Electronic Bills of Lading
CMI Uniform Rules	CMI Uniform Rules for Sea Waybills
COGSA	Act Relating to the Carriage of Goods by Sea
corp.	corporation
CT-Dokument	Dokument für den kombinierten Transport auf Grund der UR der ICC
CTO	Combined Transport Operator (in deutsch: Unternehmer des kombinierten Transports)
C&F	Cost and Freight
DMF	Le Droit Maritime Français
DVWG	Deutsche Verkehrswissenschaftliche Gesellschaft e.V., Köln
EDI	Electronic Data Interchange
EDIFACT	Elektronischer Datenaustausch für Verwaltung, Wirtschaft und Transport
Einf.	Einführung
Einl.	Einleitung
ELECTRODOCS	Uniform Rules for an Electronic Bill of Lading, Waybill or other Transport Document
ETC	entrepreneur du transport combiné
ETR	Europäisches Transportrecht (European Transport Law)
Europ. TranspR.	Europäisches Transportrecht
FBL	FIATA Combined Transport Bill of Lading
FIATA	Fédération Internationale des Associations des Transporteurs et Assimilés
FrachtR	Frachtrecht
gem.	gemäß
GewG	Gesetz betreffend die Erwerbs- und Wirtschaftsgenossenschaften
h.A.	herrschende Ansicht
HambR	(Hamburger Regel) United Nations Convention on the Carriage of Goods by Sea, 1978
Hbg.	Hamburg

HR	Übereinkommen zur einheitlichen Feststellung von Regeln über Konnossemente, 1924 (sog. Haager Regeln bzw. Hague Rules)
hrsg.	herausgegeben
IATA	International Air Traffic Association
INTERTANKO	International Association of Independent Tanker Owners
J. of Mar. L. & Comm.	Journal of Maritime Law and Commerce
LASH	lighter aboard ship
LKW	Lastkraftwagen
Ltd.	Limited
LVG	Luftverkehrsgesetz
MT	Multimodal Transport
MT-Konvention	Übereinkommen über die Internationale Multimodale Güterbeförderung
MüKo	Münchener Kommentar
NODISP	no disposition
PIN	Persönliche Identifikationsnummer
Prof.	Professor
RGRK	Reichsgerichtsräte-Kommentar
RoRo	Roll-on-Roll-off
RSA-Verschlüsselungsverfahren	(RSA-system) Öffentlicher-Schlüssel Encryptionssystem (Public-Key Cryptosystem)
sect.	section
SeeR	Seerecht
SigG	Signaturgesetz
s.o.	siehe oben
sog.	sogenannte
SWEPRO	The Swedish Trade Procedures Council
s.u.	siehe unten
TAN	Transaktionsnummer
TCM	Transport Combiné de Merchandises
Tokyo Rules	(sog. Tokyo Regeln) Konventionsentwurf für den kombinierten Verkehr, erstellt vom CMI 1969
u.a.	und andere
UR	Uniform Rules for a combined Transport Document
U.S.A.	United States of America
US-COGSA	(COGSA) Act Relating to the Carriage of goods by Sea von 1936
usw.	und so weiter
VANS	Value Added Network Services

Visby Rules	Protokoll zur Änderung des Internationalen Übereinkommens zur einheitlichen Feststellung von Regeln über Konnossemente
Vorbem.	Vorbemerkung
WA	Warschauer Abkommen 1971
WPR	Wertpapierrecht
z.B.	zum Beispiel

Im übrigen entsprechen die Abkürzungen dem „Abkürzungsverzeichnis der Rechtsprache“ von Hildebert Kirchner, 3. Auflage, Berlin u.a. 1983.

§ 1 Einleitung

Mit der Entwicklung neuer Transport- und Kommunikationstechniken sind der internationale Handel und die Import- und Exportfinanzierung komplizierter geworden. Wegen unterschiedlicher wirtschaftlicher Bedürfnisse wurde eine verwirrende Vielzahl verschiedener Transportdokumente als "Vertreter von Waren" geschaffen. Während das klassische Transportdokument für den Seetransport, das Konnossement, aufgrund seiner Wertpapiereigenschaft weiter in Gebrauch bleibt, werden häufig auch viele andere kombinierte Dokumente wegen praktischer Vorteile in der Praxis benutzt. Ferner wird neuerdings versucht, die herkömmlichen Transportdokumente aus Papier durch "elektronische Transportdokumente" zu ersetzen.

Angesichts dieser Realität und in Erkenntnis der dringenden Notwendigkeit bemüht man sich auf der internationalen Ebene, die viel zu vielen Arten der Transportdokumente zu vereinheitlichen. Bei manchen nationalen Gesetzgebungsvorhaben strebt man bereits an, die Rechtsvorschriften der neuen Entwicklung der Transportdokumentation anzupassen. Schließlich fanden die Fortentwicklungen bei der Transportdokumentation ihren Niederschlag auch in der juristischen Literatur, wobei der Schwerpunkt eher im anglo-amerikanischen Rechtskreis und in nordeuropäischen Ländern als in Deutschland liegt.

Die vorliegende Arbeit versucht, die vielfältigen Transportdokumente nach ihren Funktionen zu ordnen, zu analysieren sowie die Rechtsprobleme, insbesondere die Wertpapiereigenschaft, der traditionellen, kombinierten und elektronischen Transportdokumente darzustellen und zu erörtern und gegebenenfalls passende Lösungen zu finden.

I. Einfluß neuer Transporttechniken auf die Transportdokumentation

1. Einfacher und kombinierter Transport

Das klassische Transportdokument im Seetransport ist das Konnossement.[1] Es bezieht sich nur auf den Direkttransport eines Gutes mit demselben Transportmittel vom Verladungs- zum Bestimmungshafen ohne Umladung.[2]

Jedoch erfordert ein erheblicher Teil der internationalen Überseetransporte eine Umladung in ein anderes Schiff, weil das erste Schiff den Endhafen selbst nicht anläuft. In früheren Zeiten schloß der Absender mit jedem der beteiligten Transportunternehmer über Agenten bzw. Spediteure jeweils Sonderfrachtverträge über die einzelnen Streckenabschnitte (sog. gebrochener Verkehr)[3] ab.

1 Prüßmann/Rabe, Seehandelsrecht, vor § 642 Anm. A.; Begriff des Konnossements, s.u. § 3 I. 1. a.
2 Norf, Konnossement, S. 34.
3 Schaps/Abraham, SeeR, Anh. I § 656 Rn. 1, m.w.N.

Solcher gebrochene Verkehr führte dann zu sog. Durchfrachtverträgen[4]. Das Konnossement, das über einen solchen Transport ausgestellt wird, nannte und nennt man "Durchkonnossement"[5]. Sie waren schon im 19. Jahrhundert gebräuchlich.[6]

Gleichzeitig versucht man, Beförderungen mit anderen Transportmitteln, wie etwa Binnenschiffe oder Eisenbahn, und einer oder mehreren Seeschiffahrtslinien im Rahmen eines einheitlichen Frachtvertrages zu kombinieren. Auch derartige Transporte wurden mit einem Durchkonnossement dokumentiert.[7]

2. *Moderner kombinierter Transport*

Seit dem Aufkommen des modernen Containers in der Mitte der 60er Jahre dieses Jahrhunderts haben sich die Transporttechnik und damit auch der Ablauf der Transporte grundlegend geändert. Die Container können infolge ihrer Abmessungen durch alle möglichen Transportmittel wie Kraftfahrzeug, Eisenbahn, Binnenschiff und/oder Flugzeug befördert werden. Meist werden sie vom Versender verschlossen und erst an ihrem Endbestimmungsort vom Empfänger wieder geöffnet und haben deshalb während des Transports den Charakter einer Frachteinheit.[8]

Die Container sind nicht nur zur Aufnahme von Stückgütern in leichter Verpackung oder loser Form geeignet, sondern auch zur Aufnahme von Massengütern.[9] Man schätzt, daß 70% und mehr aller Transportgüter "containerisierbar" sind.[10]

Beim sog. LASH-Verkehr (LASH = lighter aboard ship) werden die Güter in nicht motorisierte Leichter im Binnenland verladen, die in Schubverbänden Binnenschiffahrtsstraßen zum Seehafen oder umgekehrt befahren können.[11]

Im Huckepackverkehr und RoRo-Verkehr (Roll-on-Roll-off) fährt ein beladenes Transportmittel, etwa ein Lastkraftwagen (LKW) oder ein Eisenbahnwaggon, auf ein Trägerfahrzeug, ein Schiff oder eine Eisenbahn, um am Ende dieser Beförderung seine Fahrt auf eigenen Rädern fortzusetzen.[12]

---

4 Einzelheiten s.u. § 5 I. 1.

5 Einzelheiten s.u. § 5 I. 2.

6 Heerwagen, direkte Beförderungen, S. 19 f; Heini, Durchkonnossement, S. 28; Weibgen, Durchkonnossement, S. 61 f.

7 Ganten, Unternehmer des kombinierten Verkehrs, S. 15; Wüstendörfer, Seehandelsrecht, S. 332; Heini, Durchkonnossement, S. 29; Weibgen, Durchkonnossement, S. 2.

8 Norf, Konnossement, S. 101.

9 Scheer, Haftung des Beförderers, S. 11.

10 Beplat, Containerverkehr, S. 53; Spiegel, Container, S. 55; Sassoon, Container, in 1. J. of Mar. L. & Comm. (1969) S. 77; Nach Hochrechnungen, auf die sich Boldt, Containerverkehr, S. 74 f. bezieht, sind es 85-90%.

11 Die Beschreibung dieser Technik bei Schaps/Abraham, SeeR, Anh. I § 663 b B. Rn. 1; Nöller, Trägerschiffsverkehr, S. 4 ff. (sehr ausführlich).

12 Züchner, Huckepackverkehr, VersR 1966, 900 f.; Steinschulte, Durchfrachtverkehr, S. 5, Fn. 12.

Das moderne Verkehrswesen verlangt für einen derartigen gemischten Durchfrachtverkehr (mit ungleichartigen Verkehrsmittel: Flugzeug, Seeschiff, Eisenbahn, LKW)[13] nach einem einheitlichen Dokument, das über sämtliche Transportstrecken ausgestellt ist. In der Praxis sind zwei Arten der Dokumente bei kombiniertem Transport gebräuchlich: die seit jeher üblichen Durchkonnossemente[14] und die modernen Standarddokumente, wie z.B. das von der Fédération Internationale des Associations des Transporteurs et Assimilés (FIATA) herausgegebene "FIATA Combined Transport Bill of Lading" (FBL)[15] bzw. das von der International Chamber of Commerce (ICC) empfohlene CT-Dokument (Combined transport document)[16].

II. Internationale Bestrebungen zur Vereinfachung und Vereinheitlichung der Transportdokumentation

1. Entwicklung bis 1950

Das Comité Maritime International (CMI) nahm schon zwischen 1911 und 1914 auf internationalen Konferenzen mit dem Entwurf eines internationalen Seerechts zum Problem der Durchfrachtpapiere Stellung.[17] Weitere Konferenzen schlossen sich im Jahre 1925 in Genua und 1927 in Amsterdam an. Es stellte sich jedoch heraus, daß es für eine gesetzliche Regelung des Durchfrachtverkehrs noch zu früh war.[18]

1949 wurden mit Unterstützung der ICC in einem Konventionsentwurf[19] präzise Vorschläge hinsichtlich Ausstellung und Inhalt des Durchkonnossements gemacht. Gegen die Haftungsverteilung entstand jedoch erheblicher Widerstand, so daß die Internationale Handelskammer (IHK) beschloß, diesen Vorschlag nicht weiter zu verfolgen.[20]

13 Im folgenden auch: kombinierter Verkehr. Norf, Konnossement, S. 35.

14 S.u. § 5 I. 2.

15 S.u. § 5 II.

16 S.u. § 5 III.

17 Internationale Konferenz des CMI in Paris 1911 und in Kopenhagen 1913; Londoner Entwürfe von 1911 und 1914 und Hamburger Entwurf von 1911 jeweils Art. 20; wiedergegeben bei Heini, Durchkonnossement, Beilage 6, S. 161; CMI Bull. 39, S. 150. Anmerkungen hierzu bei Weibgen, Durchkonnossement, S. 114 f.; Marais, DMF 1969, 196 und 200 f.: Bemühungen sind gescheitert, weil seriöse Reeder sich nicht mit weniger seriösen und schwächeren Reedern verbinden wollten.

18 CMI Bull. 74, S. 146. f., 231, 248; CMI Bull. 85, S. 82, 170; Weibgen, Durchkonnossement, S. 114 f.; Scheer, Haftung des Beförderers, S. 91.

19 Textauszüge wiedergegeben bei Heini, Durchkonnossement, Beilage 7, S. 161f. Bemerkungen zu diesem Vorschlag: Heerwagen, direkte Beförderungen, S. 26 f.; Heini, Durchkonnossement, S. 152.

20 Zu den Grenzen internationaler Seerechtsvereinheitlichung, Wüstendörfer, MDR 1951, 449 ff.

2. *„Protokoll zur Änderung des am 25. August 1924 in Brüssel unterzeichneten Internationalen Übereinkommens zur Vereinheitlichung von Regeln über Konnossemente" (die Hague-Visby-Rules) und „United Nations Convention on the Carriage of Goods by Sea" (die Hamburger-Regeln)*

1921 legte die International Law Association im Haag einen Entwurf vor, der dann in leicht veränderter Form in das Internationale Abkommen zur einheitlichen Feststellung von Regeln über Konnossemente vom 25. August 1924 übernommen wurde. Dieses Abkommen wird als "Hague-Rules" oder "Haager Regeln" (HR)[21] bezeichnet. Die Haager Regeln beschränken die Freizeichnungsmöglichkeiten in Konnossementen, bei denen übermäßige Freizeichnungsklauseln fast zur Regel geworden waren, und erlegen im Falle der Ausstellung eines Konnossements grundsätzlich dem Verfrachter eine zwingende Mindesthaftung auf.[22] In wesentlichen Punkten haben sich die Haager Regeln mit der Zeit zwar bewährt, jedoch sind Ergänzungen und Änderungen notwendig geworden, z.B. bei der auf Pfundbasis festgesetzten Höchsthaftungssumme, zu kurzer Frist für die Geltendmachung von Ladungsschäden, Frage der Beweisvermutung des Konnossements gegenüber einem gutgläubigen Dritten sowie aufgrund neuer technischer Entwicklungen bei der Güterbeförderung über See, wie insbesondere der Einführung von Paletten und Containern.[23]

1959 wurden Vorschläge zur Verbesserung der Haager Regeln bei einer internationalen Kommission des CMI eingereicht und bearbeitet, schließlich auf der XXVI. Konferenz des CMI 1963 in einem Änderungsentwurf zusammengefaßt. Dieser Entwurf wurde in Visby auf Gotland unterzeichnet und in Erinnerung an das Visbyer Seerecht des Mittelalters als "Visby-Rules" bezeichnet.[24]

1967 und 1968 sind die Visby-Rules auf der XII. Diplomatischen Seerechtskonferenz beraten worden. Die Beschlüsse der Konferenz wurden als "Protokoll zur Änderung des am 25. August 1924 in Brüssel unterzeichneten Internationalen Übereinkommens zur Vereinheitlichung von Regeln über Konnossemente" bezeichnet und werden kurz „Hague-Visby-Rules" genannt.

Die Konferenz der Vereinten Nationen über die Beförderung von Gütern auf See, die im März 1978 in Hamburg stattfand, hat am 31.3.1978 die neuen Hamburger Regeln (HambR: United Nations Convention on the Carriage of Goods by Sea) beschlossen, welche die HR vollständig ersetzen sollen.[25]

---

21 Text der Haager Regeln in der französischen Originalfassung und der amtlichen deutschen Übersetzung siehe Schaps/Abraham, SeeR, S. 904 ff.

22 Schaps/Abraham, SeeR, Anh. III § 663 b Rn. 1.

23 Schaps/Abraham, SeeR, Anh. III § 663 b Rn. 17.

24 Abdruck mit deutscher Übersetzung, siehe Schaps/Abraham, SeeR, S. 935.

25 Abdruck der HambR in: Berichte und Dokumente zum ausländischen Wirtschafts- und Steuerrecht, hrsg. von der Bundesstelle für Außenhandelsinformation, Nr. 107/107a (Juni 1978) 12 ff.; Text siehe auch Prüßmann/Rabe, Seehandelsrecht, Anh. III § 663 b; Herber, Hansa 1978, 969; Albrecht, Hansa 1979, 895; über die Geschichte dieses Übereinkom-

3. *„Draft Convention of Combined Transport" (die Tokyo-Rules)*

Im Jahre 1969 beschloß das CMI in Tokyo seinen endgültigen Konventionsentwurf für den kombinierten Verkehr – Draft Convention of Combined Transport,[26] die sogenannten Tokyo-Rules.[27]

Der Entwurf des CMI sah die Problematik im wesentlichen unter dem Gesichtspunkt, ein den gesamten kombinierten Transport umfassendes, bankfähiges Papier schaffen zu wollen, wobei an der Frage der Haftung nicht vorbeigegangen werden konnte. Während bei bekanntem Schadensort das Recht der Transportstrecke entsprechend dem Network-System[28] zur Anwendung gelangen kann, bemessen sich bei unbekanntem Schadensort die Ansprüche des Warenberechtigten nach den eigenen Vorschriften der Tokyo-Rules. Sie begründen eine Haftung des Combined Transport Operator (CTO) für Verlust oder Beschädigung der Güter ab Annahme bis zur Ablieferung am Bestimmungsort, es sei denn, es liegen die angeführten Haftungsbefreiungsgründe vor.

Mit der Verabschiedung dieser Tokyo-Rules fand die Arbeit des CMI ihren vorläufigen Abschluß. Ein Rechtsgebilde wurde geschaffen, "das der faktischen Einheit des kombinierten Gesamttransports ein einheitliches Recht an die Seite stellt."[29]

4. *„Transport Combiné de Marchandises" (der TCM-Entwurf)*

Auf der Weltcontainerkonferenz des Economic and Social Council of United Nations (ECOSOC) in Genf 1972 wurde der letzte bisher vorliegende Entwurf eines Abkommens über die gemischte Beförderung im internationalen Güterverkehr vorgelegt.

Die TCM-Konvention ging wie die Tokyo-Rules bei bekanntem Schadensort vom Network-System aus. Hiergegen sträubten sich vor allem die U.S.A., Kanada und Australien, die eine umfassende Modernisierung des Transportrechts durch ein einheitliches neues Haftungssystem erstrebten und deshalb das Network-System ablehnten.[30]

Außerdem scheiterte der TCM-Entwurf auch an der ablehnenden Haltung der Entwicklungsländer, die negative Auswirkungen für ihre Wirtschaft und die Durchsetzung ihrer nationalen Verkehrspolitik befürchteten.[31]

---

mens und dessen Inhalt im einzelnen Herber, Hansa 1980, 950; Grönfors, RabelsZ 1978, 696.

26 Text in 1 J. of Mar. L. & Comm. (1969), S. 186 f.

27 Art. 1 Abs. 4a Tokyo-Rules.

28 Schaps/Abraham, SeeR, Anh. I § 656 Rn. 15, m.w.N., s.u. § 4 II. 2. b. aa.

29 Norf, Konnossement, S. 126.

30 ECOSOC Doc. E/509L, March 1972; Herber, Hansa 1973, 7(8); Massey, in 3 J. of Mar. L. & Comm. (1972), 725.

31 Zu den Bedenken der Entwicklungsländer, Krause, Hansa 1971, 1181 (1183); Grönfors, Hansa 1971, 1270 (1271); Ganten, Vereinheitlichung des Rechts des kombinierten Ver-

Dieser TCM-Entwurf verdient jedoch Erwähnung, weil ihm die Bedingungen der in der Praxis zur Zeit verwandten privaten Dokumente in mancher Beziehung nachgebildet sind.[32]

5. *„Übereinkommen über die Internationale Multimodale Güterbeförderung" (die MT-Konvention)*

1980 verabschiedete die United Nations Conference on Trade and Development (UNCTAD) auf der Konferenz der Vereinten Nationen in Genf ein Übereinkommen über die Internationale Multimodale Güterbeförderung (MT-Konvention)[33], dem die Bundesrepublik Deutschland bisher nicht beigetreten ist. Die MT-Konvention sieht neben einer Frachtführerhaftung des CTO die Ausgabe eines Transportdokumentes vor, das in der begebbaren Form an Order oder auf den Inhaber lautet und den Auslieferungsanspruch verbrieft.[34]

Dieses Übereinkommen soll in Kraft treten, sobald es von 30 Staaten ratifiziert worden ist. Ob dies allerdings geschieht, ist äußerst fraglich, denn es ist in vieler Hinsicht stark an die Hamburger-Regeln[35] angelehnt, so daß deren Inkrafttreten Voraussetzung auch für die Ratifikation dieser Konvention ist.

6. *„Einheitliche Richtlinien und Gebräuche für Dokumenten-Akkreditive" (die ERA)*

Gegenwärtig ist das Dokumenten-Akkreditiv (Kurzform: Akkreditiv) die wichtigste Form der Zahlungsabwicklung von Liefergeschäften im internationalen Handel. Es wird international einheitlich definiert als eine Vereinbarung, derzufolge eine Bank auf Ersuchen und nach den Weisungen eines Kunden gegen Übergabe vorgeschriebener Dokumente eine Zahlung an einen Dritten zu leisten hat oder eine andere Bank zur Ausführung einer solchen Zahlung ermächtigt.[36]

Die erste Fassung der Einheitlichen Richtlinien und Gebräuche für Dokumenten-Akkreditive (ERA) wurde 1933 von der Internationalen Handelskammer in Wien angenommen. Diese erste internationale Regelung des Akkreditiv-Geschäfts fand bereits verbreiteten Anklang und wurde zunächst von den Banken in Belgien, Deutschland, Frankreich, Holland, Italien, Rumänien, der Schweiz und den U.S.A. eingeführt.[37]

---

kehrs, Schriftenreihe der DVWG , Heft B 39, S. 56; Steinschulte, Durchfrachtverkehr, S. 141 f.

32 Steinschulte, Durchfrachtverkehr, S. 18; Ganten, kombinierter Verkehr, S. 20, Fn. 16; Helm, in Großkomm. HGB § 425 Anm. 27; Franken, kombinierter Transport, S. 18.

33 Abgedruckt in einer vorläufigen deutschen Übersetzung in TranspR 1981, 67f.

34 Art. 6 Abs. 2 und 3 MT-Konvention.

35 S.o. § 1 II. 2.

36 ERA 500, ICC-Publikation 500, Art. 2.

37 Zahn/Eberding/Ehrlich, Zahlungssicherung, S. 17.

Anläßlich der in den nachfolgenden Jahrzehnten vorgenommenen Revisionen haben sich die Banken zahlreicher weiterer Staaten zur Befolgung der Richtlinien verpflichtet. Bis 1985 haben Banken und Bankvereinigungen in 150 Ländern und Gebieten diese Regelungen übernommen.[38] Seit 1994 ist nunmehr die sechste Neufassung der Einheitlichen Richtlinien von 1993 in Kraft, deren Anwendung auch von der Kommission für internationales Handelsrecht der Vereinten Nationen für alle Akkreditiv-Geschäfte empfohlen wird. Der herrschenden Meinung nach handelt es sich bei den ERA um Vertragsbedingungen in Form Allgemeiner Geschäftsbedingungen (AGB).[39]

Die wichtigsten Änderungen in der fünften Revision 1983 der ERA gegenüber der vorherigen Regelung finden sich in dem Abschnitt "Transportdokumente".[40] Diese Änderungen tragen der Weiterentwicklung im Bereich des modernen Transportwesens Rechnung, u.a. der Zunahme des Containerverkehrs und der kombinierten Transporte, die eine Aktualisierung, insbesondere der Vorschriften über die Transportdokumente, nahelegte. Außerdem wurden auch folgende Gesichtspunkte berücksichtigt:

- Der zunehmende Einfluß von handelserleichternden Maßnahmen auf neue Methoden der Dokumentenerstellung;
- Die revolutionäre Entwicklung im Kommunikationsbereich, die Papier als Nachrichtenübermittlungsträger für Handelsgeschäfte durch automatische oder elektronische Datenverarbeitung ersetzt.[41]

Von den bisherigen Regeln unterscheiden sich die neu geltenden Richtlinien 1993 in vielfältiger Hinsicht. Die ERA 1993 schreiben Entwicklungen in der Praxis des Akkreditivgeschäfts fest oder haben zum Ziel, Probleme bei der Akkreditivabwicklung auszuräumen. Als Neuerung bei Transportdokumenten erscheint beispielsweise eine Darstellung, auf welche Weise Dokumente unterzeichnet sein können[42], wobei die modernsten Kommunikationsmethoden bereits berücksichtigt worden sind. Die bisherigen Richtlinien widmeten lediglich den Seekonnossementen und den Dokumenten bei Versand durch die Post spezielle Artikel. Alle anderen Transportdokumente wurden von einem Sammelartikel pauschal erfaßt. Um die Darstellung der Merkmale zu verbessern, die ein Transportdokument zu seiner Aufnahmefähigkeit aufweisen muß bzw. nicht aufweisen darf, werden die einzelnen Transportdokumente nunmehr in separaten Artikeln behandelt. In ihrem Aufbau sind die Artikel weitgehend gleich. Hervorzuheben sind die jetzt strengeren Maßstäbe für die Unterzeichnung der

---

38 Eberth, Festschrift Neumayer, S. 199 f.

39 Reine AGB nehmen an: Petersen, Akkreditivbanken, S. 622; Gautschi, Akkreditiv, S. 33 und 49 (50). Für die Auffassung, daß die ERA allgemeine Geschäftsbedingungen sind, die auch Handelsbräuche enthalten, haben sich ausgesprochen: Liesecke, WM 1960, 210; 1966, 458; Schlegelberger-Hefermehl, HGB § 365 Rn. 148; Baumbach/Hopt, (11) ERA Einl. Rn. 2; Peters, WM 1978, 1030 (1032).

40 Zur Aufnahmefähigkeit der Transportdokumente beim Akkreditiv: Gleisberg, ERA.

41 ERA 400, CC-Publikation 400, Vorwort von Bernard S. Wheble, S. 7.

42 ERA 500, CC-Publikation 500, Art. 20 Abs. b).

Dokumente. Jeder, der ein Transportdokument unterzeichnet, muß seinen (Firmen-)Namen und seine Funktion (als Frachtführer etc. oder Agent) angeben. Handelt der Unterzeichner als Agent, muß er auch den Namen und die Funktion des Vertretenen angeben. Bisherige Bestimmungen haben durch sprachliche Verbesserungen in einer Vielzahl von Fällen an Klarheit gewonnen.

Zwischenergebnis zu § 1

Die Fortentwicklung der Transporttechniken hat direkten Einfluß auf die Transportdokumentation. Neben den herkömmlichen einfachen Transportdokumenten wie z.B. dem Konnossement für den Seetransport sind aufgrund der Anforderungen des modernen kombinierten Transports kombinierte Transportpapiere wie z.B. „FIATA Combined Transport Bill of Lading" (FBL) entstanden.

In Anbetracht der verwirrenden Vielzahl der Arten von Transportdokumenten ist seit Anfang dieses Jahrhunderts auf internationaler Ebene ständig versucht worden, die Transportdokumente zu vereinheitlichen. Die einschlägigen internationalen Übereinkommen sind in der Praxis sehr bedeutend, wie z.B. die „Einheitliche Richtlinien und Gebräuche für Dokumenten-Akkreditive" (ERA) wegen ihrer weltweiten Akzeptanz für das Akkreditivgeschäft und für den Handel sowie selbstverständlich auch für den Transport, obwohl nationale Rechtsvorschriften hiervon unberührt bleiben.

Erster Teil: Rechtliche Behandlung der herkömmlichen Transportpapiere

§ 2 Rechtliche Eigenschaften der traditionellen Transportpapiere

I. Wertpapiereigenschaft der Traditionspapiere

1. Deutsches Recht

a) Traditionelle Einteilung der Transportdokumente nach Rechtscharakter (Zweiklassensystem)

Herkömmlich besteht bei der Transportdokumentation ein sogenanntes Zweiklassensystem, in dem sich die klassischen Order-/Traditionspapiere (Konnossement, Ladeschein und Orderlagerschein) den sonstigen Warendokumenten ohne gesetzliche Traditionsfunktion und Orderwirkung gegenüberstehen.[1] Diese Einteilung der Transportdokumente erfolgt unter rein rechtlichen Gesichtpunkten danach, ob es sich um Traditionspapiere auf gesetzlicher Grundlage oder sonstige Warenpapiere auf rechtsgeschäftlicher Grundlage handelt.[2] Mit der Fortentwicklung der Transporttechniken und der Transportdokumentation ist diese Unterscheidung weitgehend überholt durch die Annäherung der Dokumente des kombinierten Transportes an die sog. klassischen Transportdokumente wie Konnossement und Ladeschein.[3] In der heutigen Praxis des Außenhandels sowie der Finanzierung insbesondere des Akkreditivgeschäftes sind die Transportdokumente nicht mehr nur nach ihrem Rechtscharakter, sondern vielmehr nach der Funktion des Dokumentenausstellers für die Durchführung des Transportes (Frachtführer oder Spediteur) zu beurteilen.[4]

b) Transportdokument als Wertpapier

Nach dem (heute herrschenden) weiter gefaßten Wertpapierbegriff ist ein Wertpapier eine Urkunde, die ein privates Recht in der Weise verbrieft, daß es ohne diese Urkunde nicht geltend gemacht werden kann.[5] Somit liegt das entscheidende Kriterium für die Bewertung und dann Anerkennung eines Transportdokuments als Wertpapier in der Feststellung, ob die Rechtsausübung an die Papierinnehabung geknüpft ist. "Nicht die sachen- oder schuldrechtliche Form der Rechtsübertragung, sondern das Erfordernis der Innehabung der Urkunde zur Geltendmachung des verbrieften Rechts bildet die Grenze zwischen

1 Nielsen, Import- und Exportsicherung, S. 13.
2 Weber, Warenpapiere, S. 26 ff.
3 Nielsen, Import- und Exportsicherung, S. 12.
4 S.u. § 4 I.
5 H.A.: Zöllner, WPR, § 3 III 4 b (S. 18); Hueck-Canaris, Wertpapiere, § 1 I und § 1 4 b S. 4; Baumbach/Hefermehl, WPR, Rn. 11; RGRK-Steffen, BGB vor § 793 Rn. 2.

Urkunden mit und ohne Wertpapiereigenschaft."[6] Die Inhaber-, Order- und Rektapapiere erfüllen die Wertpapiereigenschaft nach diesem erweiterten Kriterium, weil bei ihnen der Besitz der Urkunde eine materiellrechtliche Voraussetzung für die Geltendmachung des Anspruchs ist.

Unter dem enger gefaßten Begriff des Wertpapiers werden nur diejenigen Urkunden verstanden, bei denen das "Recht aus dem Papier dem Recht am Papier folgt", so daß das Recht durch die Urkunde verkörpert und wie eine Sache übertragen wird.[7] Demnach liegt das Wesen des Wertpapiers in der Versachlichung des Rechts. Nur die rechtsverbriefenden Urkunden sind Wertpapiere im engeren Sinne, bei denen das verbriefte Recht durch Verfügung über die Urkunde nach sachenrechtlichen Grundsätzen übertragen wird. Die Form der Rechtsübertragung wird somit zum Kriterium des Wertpapiers. Hiernach zählen zu den Wertpapieren nur die Inhaber- und die Orderpapiere.[8]

Alle drei oben genannten Traditionspapiere[9] gehören zum Kreis der Orderpapiere des § 363 HGB und sind Wertpapiere sowohl im weiteren als auch im engeren Sinne. Diese Traditionspapiere verbriefen ein privates Recht in der Urkunde in solcher Weise, daß es zur Ausübung dieses verbrieften Rechts erforderlich ist, die Urkunde in Besitz zu haben. Demnach sind sie Wertpapiere im weiteren Sinne.

Konnossement und Ladeschein sind allerdings keine "geborenen" Orderpapiere und müssen demnach zur Übertragung der Rechte aus den Urkunden ausdrücklich mit Orderklausel versehen werden. Wenn das Konnossement und der Ladeschein nicht an Order lauten, sondern Inhaberpapiere sind, haben sie auch die Funktion des Wertpapiers im engeren Sinne, während der Lagerschein nur dann Traditionspapier ist, wenn er Orderlagerschein ist.[10]

In der Praxis des Seefrachtverkehrs wird fast nur das Orderkonnossement benutzt. Dies spiegelt die Wirkung der Erleichterung und Beschleunigung der Übereignung der Waren und somit des kaufmännischen Warenverkehrs durch die Regelung des § 363 HGB wider.[11]

Alle Traditionspapiere zeichnen sich als Orderpapiere durch erweiterten Gutglaubensschutz aus, weil § 365 HGB wegen der Wirkung eines Indossaments auf die Vorschriften des Wechselgesetzes verweist.

---

6 Baumbach/Hefermehl, WPR, Rn. 11.
7 Baumbach/Hefermehl, WPR, Rn. 10.
8 Baumbach/Hefermehl, WPR, Rn. 14.
9 S.o. § 2 I. 1. a.
10 Heymann-Horn, HGB § 363 Rn. 22; Schlegelberger-Hefermehl, HGB § 363 Rn. 42.
11 Wüstendörfer, Seehandelsrecht, S. 307; Schaps/Abraham, SeeR, vor § 642 Rn. 19; Nielsen, Import- und Exportsicherung, S. 13.

c) *Numerus clausus für Dokumente mit Traditionswirkung (Konnossement, Ladeschein, Orderlagerschein)*

Transportdokumente mit Traditionswirkung, die auf gesetzlicher Grundlage beruhen, erscheinen in dreierlei Gestalt:
(1) im Seefrachtrecht als Konnossement gem. §§ 642 ff. HGB,
(2) im Landfracht- und Binnenschiffahrtsrecht als Ladeschein gem. §§ 444 ff. HGB i.V.m. §§ 72-76, 26 BSchG,
(3) im Lagerrecht als Orderlagerschein gem. § 424 HGB.

Diese drei Formen der Transportdokumente sollen das Durchhandeln von Waren, deren Herausgabe in der Urkunde versprochen wird, erleichtern. Sie unterstützen die rasche Veräußerung und Übertragung von einem Kaufmann an den anderen in einer Kette, ohne die Ware selbst zu bewegen: es werden statt dessen nur Wertpapiere übertragen.[12] Demnach bestimmen die §§ 424, 450 und 650 HGB, daß die Übergabe des Papiers an denjenigen, der durch sie zur Empfangnahme des Gutes legitimiert wird, für den Erwerb von Rechten an den Gütern dieselben Wirkungen hat wie die Übergabe der Güter selbst (Traditionspapiere).[13]

Nach § 363 I, II HGB können die Traditionspapiere privatautonom durch Orderklausel zu Orderpapieren gemacht werden. Die Schaffung eines Orderpapiers ist nicht ins Belieben der privaten Vereinbarung der Parteien gestellt, sondern dem Gesetzgeber vorbehalten.[14]

Es besteht hinsichtlich der Orderpapiere ein numerus clausus der zulässigen Gestaltungsformen. Die Bedeutung von § 363 HGB liegt nicht allein in der Zulassung 'gekorener' Orderpapiere, sondern auch in der Begrenzung dieser Möglichkeit.[15] Eine Orderklausel hat grundsätzlich nur dann die Wirkung, das Papier zum Orderpapier zu machen, wenn die tatbestandlichen Voraussetzungen des § 363 HGB erfüllt sind.[16]

Die Beschränkung der Traditionswirkung auf Konnossement, Ladeschein und Orderlagerschein ist eine Momentaufnahme der Entwicklung des Wertpapierrechts zur Entstehungszeit des Gesetzes.[17] Die Entwicklung des modernen Transportwesens war bei Schaffung des HGB nicht voraussehbar.

d) *Umstrittene Analogie*

Seit etwa 1960 werden verschiedene Verkehrsmittel bei der Beförderung von Waren über eine Gesamtstrecke eingesetzt und hintereinander geschaltet. Aus

12 Heymann-Horn, HGB § 363 Rn. 22.
13 Heymann-Horn, HGB § 363 Rn. 22.
14 RGZ 71, 30; 101, 297; BGH, WM 1977, 171; Schlegelberger-Hefermehl, HGB § 363 Rn. 60; Hueck/Canaris, Wertpapiere, § 2 V2c.
15 Baumbach/Hopt, HGB § 363 Rn. 2.
16 Siehe zu den Voraussetzungen der Traditionswirkungen unten § 2 II. 1. f. bb.
17 Weber, Warenpapiere, S. 50.

dieser Entwicklung ergab sich dann das Bedürfnis der Praxis nach einem einheitlichen, dem Konnossement gleichwertigen Transportdokument. Wird ein einheitliches Transportdokument beim kombinierten Transport ausgestellt, entsteht somit die Frage, ob es durch eine Orderklausel zu einem echten Orderpapier gemacht werden kann.

Rechtsprechung[18] und herrschende Lehre[19] stehen übereinstimmend auf dem Standpunkt, daß der in § 363 HGB aufgezählte Kreis der Orderpapiere abschließend ist. Die Parteien können nicht wirksam vereinbaren, daß andere Dokumente als diejenigen, die das Gesetz dafür vorgesehen hat, die Qualität eines Orderpapiers haben (numerus clausus). Der Grund für diese Regel liegt darin, daß eine Erweiterung des Kreises der Traditionspapiere "die unterschiedlose Neufassung von Repräsentations- und Traditionspapieren begünstigt".[20]

Es fehlt jedoch nicht an Befürwortern,[21] die Schaffung weiterer Orderpapiere im Sinne von § 363 HGB im Wege der Analogie zuzulassen, wenn diese von der zivilrechtlichen Ausgestaltung her gleichartige Bedingungen enthalten.

e) Eigene Auffassung

Die Schaffung weiterer Orderpapiere im Wege der Analogie ermöglicht es zwar, flexibler auf moderne Entwicklungen zu reagieren, birgt aber die Gefahr in sich, daß durch die kaum zu vermeidende Entwicklung von „case law" die Übersicht erschwert und die Rechtssicherheit gefährdet wird. Die Konzentration auf wenige, eindeutig definierte Instrumente des Handelsverkehrs in diesem Bereich schafft trotz ihrer Beschränkungen klare und verläßliche Rahmenbedingungen. Die strikte Einhaltung des numerus clausus im Sachenrecht des BGB hat die Geschäftstätigkeit in diesem Breich nicht nur nicht beeinträchtigt, sondern sorgt im Gegenteil für eine beispiellose Transparenz, Solidität und Verläßlichkeit. Die Analogiebildung sollte daher vermieden werden. Vorzugswürdig ist die konkrete Regelung neuer Instrumente, wenn der Bedarf hierfür unabweisbar ist.

---

18 RGZ, 78, 149 f.

19 Z.B.: Canaris, in Großkomm. HGB § 363 Anm. 2; Helm, Festschrift Hefermehl, S. 70 f.; Zöllner, WPR, S. 25 u. 144 f.; Baumbach/Hefermehl, WPR, Rn. 25; Pongratz, Rektapapier, S. 42 ff; Heymann-Horn, HGB § 363 Rn. 22.

20 Helm, in Großkomm. HGB § 444 Anm. 10.

21 Befürwortet wird eine Analogie von Canaris, in Großkomm. HGB § 363 Anm. 2 und in differenzierter Form auch von Prüßmann/Rabe, Seehandelsrecht, Anh. § 656 Anm. C. 9. a) sowie von einigen Gerichten: HOLG, VersR 1977, 814; LG Hbg, ETR 1980, 444, 450f.

2. *Unterschiede zu dem anglo-amerikanischen Rechtskreis und zu dem französischen Recht*

a) Anglo-amerikanischer Rechtskreis

Nach englischem Recht wird durch die Ausstellung einer "Bill of Lading", die dem deutschen Konnossement entspricht, der Empfang der Waren auf dem Schiff bestätigt.[22] Bezüglich der Wertpapiereigenschaft kennt das englische Recht das Rekta- und das Orderkonnossement, die "negotiable" sind bzw. denen Traditionswirkung[23] zukommt.[24] Für ihre Übertragung gelten ähnliche Regeln wie im deutschen Recht.[25]

Im Gegensatz zum englischen Recht kommt nach amerikanischem Recht nur dem Orderpapier Traditionswirkung zu.[26]

b) Französisches Recht

Der dem Konnossement entsprechende französische Begriff lautet: connaissement; er bedeutet die Bestätigung, daß die Güter erhalten und auf das Schiff geladen wurden.[27] Das französische Recht sieht jedes Konnossement, das nicht als "non negotiable" gekennzeichnet ist, als Orderkonnossement an.[28] Wenn ein Rekta-Konnossement ausgestellt wird, können nur der angegebene Empfänger und derjenige, dem die Rechte aus dem Konnossement abgetreten worden sind, diese Rechte oder Ansprüche wegen Ladungsschäden geltend machen.

II. Funktionen der Traditionspapiere

Die Traditionspapiere (Konnossement, Ladeschein und Orderlagerschein) wurden zur Beschleunigung und Vereinfachung des Waren-, des Finanzierungs- und des damit verbundenen Rechtsverkehrs geschaffen. In der Literatur werden sie als die klassischen Warenpapiere bezeichnet, welche dem "unerreichbaren Ideal" höchster Sicherheit für den Erwerber am nächsten kommen und "allen Anforderungen genügen, die an ein Warenpapier vernünftigerweise gestellt werden können."[29]

---

22 Grönfors, Sea Waybills, S. 8.

23 Begriff der Traditionswirkung s.u. § 2 II. 1. f. aa.

24 Carver, Carriage by Sea, Bd. II § 1048.

25 Carver, Carriage by Sea, Bd. I §§ 64 f., Bd. II §§ 1048 f.

26 Federal Bills of Lading Act, 1916 in der Fassung vom August 1952. Er ist bekannt als "Pomerene Act" und eingeordnet in U.S. Code, Titel 49, Sections 81-124; the Uniform Bill of Lading Act, New York version (N.Y. Personal Property Law, Sections 187-241).

27 Grönfors, Sea Waybills, S. 8.

28 Rodière, Affretement & Transports, Bd. II Nr. 483 f.

29 Weber, Warenpapiere, S. 32.

Alle sonstigen Warenpapiere bei der klassischen Transportdokumentation müssen sich daran messen lassen, inwieweit sie den gesetzlichen Traditionspapieren angenähert sind. Demnach ist es wichtig, die wesentlichen Funktionen der vorgenannten Traditionspapiere nach deutschem Recht, nach einigen ausgewählten ausländischen Rechtsordnungen und nach internationalen Übereinkommen wie folgt festzustellen:

1. Funktionen nach deutschem Recht

a) Empfangsbestätigung und Verbriefung des Herausgabeanspruchs

Die ursprüngliche bzw. erste wichtige Funktion der Traditionspapiere, die aufgrund der Handelsbedürfnisse entstanden sind, ist es, den Empfang der Waren zu bescheinigen.[30]

Früher wurden die Waren ohne Transportdokumente gehandelt und geliefert. Die Kaufleute begleiteten ihre Waren zum Bestimmungsort und verkauften sie dort. Mit der Zeit begleiteten die Kaufleute ihre Waren nicht mehr persönlich, sondern ließen sie von einem Frachtführer transportieren. Dies führte dazu, daß sowohl der Absender als auch der Empfänger ihren unmittelbaren Besitz an den Waren verloren haben und eine Bescheinigung des Frachtführers, der die Waren auf dem Transportweg allein direkt besitzt, über den Erhalt der Güter dringend benötigten. Die Transportdokumente mit der Funktion der Empfangsbestätigung sind dann entstanden. Die Rechtswirkungen gehen über die Funktion einer Quittung im Sinne des § 368 BGB –Quittung über den Empfang der Ware („Lieferschein")- nicht hinaus.

Die Transportdokumentation hat sich allmählich über solche einfache Funktion hinaus entwickelt. Aufgrund der Bedürfnisse von Handel, Zoll und sonstigem Rechtsverkehr haben die Gesetzgeber die Regelungen über Transportdokumentation kodifiziert. Nach den deutschen Vorschriften sind Traditionspapiere zunächst Empfangsbescheinigungen des Verfrachters, Frachtführers oder Lagerhalters über den Erhalt der Transportgüter (§§ 424, 445 Nr. 6, 642 Abs. 1, 643 Nr. 8 HGB, § 38 Nr. 3 OLSchVO).

Außer der Empfangsbescheinigungsfunktion haben die Traditionspapiere eine zweite ursprüngliche wichtige Funktion, und zwar die Verbriefung des Herausgabeanspruchs.

Die Traditionspapiere verbriefen eine schuldrechtliche Forderung auf Auslieferung des übernommenen Gutes. Der Verfrachter beim Konnossement[31], der Frachtführer beim Ladeschein[32] sowie der Lagerhalter beim Orderlagerschein[33]

---

30 Grönfors, Sea Waybills, S. 7.

31 Schaps/Abraham, SeeR, vor § 642 Rn. 5 + 14; Schlegelberger-Liesecke, Seehandelsrecht, vor 642 Rn. 3. In der Sache ebenso, in der Formulierung etwas anders: Prüßmann/Rabe, Seehandelsrecht, § 643 Anm. C. 1; Heerwagen, direkte Beförderungen, S. 62.

32 RGZ 106, 337 (339); Helm, in Großkomm. HGB § 444 Anm. 2; Schlegelberger-Geßler, HGB § 444 Rn. 2 und § 445 Rn. 2; Baumbach/Hopt, HGB §§ 444, 445 Rn. 2 a.E.; Vor-

verpflichten sich, dem legitimierten Inhaber des Traditionspapiers die zur Beförderung oder zum Lagern angenommenen Güter auszuliefern.

b) Beweisfunktion

Der Beweiswert der Traditionsdokumente ist außerordentlich schwankend.[34] Eine garantiemäßige Haftung für die Angaben in den Traditionspapieren über Menge, Art, Gattung und Beschaffenheit der vom Dokumentenaussteller übernommenen Waren gibt es nicht.

Im deutschen Recht hat der Gesetzgeber die Vorschriften über den Beweiswert des Konnossements zur Anpassung an internationale Übereinkommen zweimal geändert. In der ersten Fassung des HGB (früher § 651 HGB) vom Jahre 1897 war die Gewährleistungshaftung (Skripturhaftung) für den Inhalt des Konnossements enthalten.

Im Jahre 1937 wurde durch das Seefrachtgesetz diese Vorschrift entsprechend Art. III § 4, IV § 5 Abs. 2 HR geändert. Die Skripturhaftung bestand seitdem nicht mehr. Nach § 656 Abs. 2 HGB (1937) wurde für alle Beteiligten nur widerlegbar die Richtigkeit der im Konnossement enthaltenen Angaben vermutet (Funktion der Beweisvermutung).[35]

Das Zweite Seerechtsänderungsgesetz von 1986 hat die Funktion der Beweisvermutung des Konnossements beibehalten (§ 656 Abs. 2 Satz 1 HGB) und die Skripturhaftung im Sinne der Visby-Rules[36] zugunsten des gutgläubigen Erwerbers eines Seekonnossements eingeführt (§ 656 Abs. 2 Satz 2 HGB). Nach der neuen Regelung ist der Beweis, daß der Verfrachter die Güter nicht so übernommen hat, wie sie angegeben sind, nicht zulässig, wenn das Konnossement einem gutgläubigen Dritten übertragen worden ist.[37]

Beim Ladeschein (§§ 73-76 BSchG) und Orderlagerschein (§ 40 Orderlagerschein VO) besteht seit der Kodifizierung der entsprechenden Gesetze eine Skripturhaftung, die allein auf den Inhalt der Urkunde abstellt, ohne einen Gegenbeweis zuzulassen.

c) Präsentationsfunktion (Vorlegungszwang)

Die Präsentationsfunktion der Traditionspapiere ergibt sich aus ihrer Eigenschaft als Wertpapiere. Nur wenn die Urkunde gleichzeitig vorgelegt wird, kann das im Traditionspapier verbriefte Recht geltend gemacht werden (§§ 424, 448,

---

tisch-Zschucke, Binnenschiffahrts- und Flößereirecht, § 72 Anm. 3 b.

33 Schlegelberger-Schröder, HGB § 424 Rn. 2.

34 Nielsen, Import- und Exportsicherung, S. 14.

35 Schaps/Abraham, SeeR, § 656 Rn. 5; Abraham, SeeR, S. 171; Schlegelberger-Liesecke, Seehandelsrecht, § 656 Rn. 4 f.; Prüßmann/Rabe, Seehandelsrecht, § 656 Anm. C.

36 S.o. § 1 II. 2.

37 § 656 Abs. 2 Satz 2 HGB in der Fassung von 1986; ausführlich: Zeller, Skripturhaftung.

653 HGB). Daher kann das Traditionspapier auch als „Präsentationspapier“ bezeichnet werden.[38]

d) Legitimationswirkung

Für die Geltendmachung des im Traditionspapier verbrieften Anspruchs muß der Anspruchsteller legitimiert bzw. förmlich berechtigt sein (§§ 424, 450, 650 HGB). Sachlich berechtigt ist grundsätzlich nur der Eigentümer des Traditionspapiers;[39] der nur förmlich Berechtigte (der Legitimierte) hat weder Eigentums- noch Gläubigerrechte. Die Innehabung der Urkunde und die Indossamentenreihe begründen jedoch den Rechtsschein sachlicher Berechtigung.[40] Demnach haben die Traditionspapiere Legitimationswirkung.

e) Transportfunktion und Einwendungsausschluß

Nach § 364 Abs. 1 HGB kann ein Traditionspapier durch Indossament übertragen werden. Diese Übertragung bewirkt dann den Übergang aller Rechte aus dem indossierten Traditionspapier auf den Indossatar. Hierin liegt die Transportfunktion des Traditionspapiers.

Der Erwerb der Rechtsstellung, die sich aus dem Traditionspapier ergibt, erfolgt nach § 364 Abs. 1 und 2 HGB im Interesse der Umlauffähigkeit unter Ausschluß von Einreden und Einwendungen mit Ausnahme solcher wertpapiermäßigen Einwendungen, die die Gültigkeit der Erklärung in der Urkunde betreffen oder die unmittelbar gegen den Erwerber des Traditionspapiers gerichtet sind. Geltend gemacht werden können ferner die sich aus dem Seefrachtrecht (§§ 559, 606 f. HGB) ergebenden Gegenrechte, weil sie mit dem Auslieferungsanspruch übertragen werden.[41]

Ein Einwendungsausschluß ist bei Traditionspapieren immer dann gegeben, wenn sie als Inhaber- oder Orderpapiere ausgestellt sind.[42]

---

38 Schaps/Abraham, SeeR, vor § 642 Rn. 15, § 650 Rn. 14, § 653 Einleitung; Instruktiv hierzu der Fall BGHZ 25, 300.

39 Rehfeld/Zöllner, WPR, S. 18 f.; Baumbach/Hefermehl, WG Art. 16 Rn. 1.

40 § 365 Abs. 1 HGB i.V.m. Art. 16 Abs. 1 WG; Baumbach/Hopt, HGB § 365 Rn. 2; Baumbach/Hefermehl, WG Art. 16 Rn. 1.

41 BGHZ 25, 250; Wüstendörfer, Seehandelsrecht, S. 313 f.; Abraham, SeeR, S. 169 f.; Schaps/Abraham, SeeR, vor § 642 Rn. 19; Schlegelberger-Liesecke, Seehandelsrecht, § 648 Rn. 3 f.; Prüßmann/Rabe, Seehandelsrecht, § 647 Anm. C. 4. c.

42 Nielsen, Import- und Exportsicherung, S. 14.

f) Traditionswirkung

aa) Definition der Traditionswirkung

Einem Bedürfnis des Handels entsprechend sehen die §§ 424, 450 und 650 HGB vor, daß die Übergabe des Papiers (des Lagerscheins, des Ladescheins und des Konnossements) an denjenigen, der durch dieses zur Empfangnahme der Güter legitimiert wird, für den Erwerb von Rechten an den Gütern dieselben Wirkungen wie die Übergabe der Güter selbst hat – Traditionswirkung.[43] Der Berechtigte kann dadurch auch leichter während des Transports über die Ware verfügen, um unnötige geschäftliche Verzögerungen zu verhindern. Beim Konnossement wurde dieser Vorteil insbesondere schon früh erkannt, und es kam zur gewohnheitsrechtlichen Entwicklung dieses ältesten Traditionspapiers.[44]

bb) Voraussetzungen der Traditionswirkung

Die einzelnen Voraussetzungen für den Eintritt der Traditionswirkung ergeben sich aus den §§ 424[45], 450 und § 650 HGB:

– *Übernahme der Güter durch den Verfrachter*

Zunächst muß die Ware vom Frachtführer/Verfrachter zur Beförderung übernommen werden. Dies setzt voraus, daß der Verfrachter den unmittelbaren oder mittelbaren Besitz erlangt hat.[46]

Sind die Güter entgegen den Angaben des Ladescheins/Konnossements tatsächlich nicht vom Frachtführer/Verfrachter übernommen worden, so fehlt einem derartigen Ladeschein/Konnossement entsprechend den §§ 450 und 650 HGB die Traditionswirkung.

– *Fortbestand des unmittelbaren Fremdbesitzes des Frachtführers/ Verfrachters*

Die Worte in § 650 HGB "zur Beförderung übernommen sind" werden allgemein im Sinne von 'übernommen und noch im Besitz des Verfrachters befind-

43 Wie diese "Traditionswirkung" rechtsdogmatisch zu erklären ist und worin sie im einzelnen besteht, ist Gegenstand eines berühmten Theorienstreits, s.u. § 2 II. 1. f. ee.

44 Norf, Konnossement, S. 29; Pappenheim, SeeR, S. 337; Wüstendörfer, Seehandelsrecht, S. 322 f.; Schlegelberger-Liesecke, Seehandelsrecht, § 650 Rn. 1.

45 § 424 über den Orderlagerschein für das Lagergeschäft wird hier nicht behandelt.

46 Helm, in Großkomm. HGB § 450 Anm. 1; Schlegelberger-Geßler, HGB § 450 Rn. 2; Heerwagen, direkte Beförderungen, S. 65, 69; Franken, kombinierter Transport, S. 82. a.A. Vortisch-Zschucke, Binnenschiffahrts- und Flößereirecht, § 72 Anm. 4 e.; Wüstendörfer, Seehandelsrecht, S. 324; Schaps/Abraham, SeeR, § 650 Rn. 12 und 13; Schlegelberger-Liesecke, Seehandelsrecht, § 650 Rn. 3; Prüßmann/Rabe, Seehandelsrecht, § 650 Anm. C. 1.

lich' verstanden.[47] Wenn sich das Gut nicht mehr im Fremdbesitz des Verfrachters oder seines Vertreters (der Kapitän ist Besitzdiener des Verfrachters) befindet,[48] verliert das Konnossement seine Traditionswirkung. Dann kommt nur die Übereignung der Güter nach § 931 BGB in Betracht.[49] Die Traditionswirkung wird jedoch nach § 185 II BGB wiederhergestellt, wenn der Verfrachter später wieder Fremdbesitz erlangt, beispielsweise nach Rückgabe der Güter durch den nichtberechtigten Empfänger.[50]

Diese Voraussetzung gilt auch für die Traditionswirkung beim Ladeschein, weil ein Frachtführer im Sinne von § 425 HGB derjenige ist, der gewerbsmäßig die Ausführung der Beförderung von Gütern zu Lande oder auf Flüssen oder sonstigen Binnengewässern übernimmt.

– *Übergabe des Ladescheins/Konnossements an den durch die Urkunde zum Empfang Legitimierten*

Als dritte Voraussetzung für den Eintritt der Traditionswirkung bezeichnen die §§ 450 und 650 HGB die Urkundenübergabe an den legitimierten Empfänger, d.h. die Übertragung des unmittelbaren Besitzes an der Urkunde durch den bisher Berechtigten. Mittelbarer Besitz ist nicht ausreichend.[51] Außerdem muß der Empfänger durch die Urkunde selbst zu ihrem Empfang legitimiert sein.[52]

cc) Dauer der Traditionswirkung

Die Traditionswirkung eines Konnossements beginnt nach § 650 HGB, sobald "die Güter ... zur Beförderung übernommen sind". Für den Ladeschein setzt § 450 HGB nur voraus, daß "das Gut ... übernommen ist". § 72 BSchG bestimmt, daß der Frachtführer dem Absender "nach Verladen der Güter" einen Ladeschein auszustellen habe (§§ 450, 650 HGB, § 72 BSchG).

Wann die Traditionswirkung eines Traditionspapiers endet, darüber sagen die Vorschriften des Ladescheins- und Konnossementsrechts nichts aus. Es ist je-

---

47 Schaps/Abraham, Seehandelsrecht, § 650 Rn. 12.

48 Die Traditionswirkung endet vor allem bei Verlust des unmittelbaren Besitzes z.B. aufgrund eines Diebstahls der Güter oder durch Auslieferung an einen Nichtberechtigten. Prüßmann/Rabe, Seehandelsrecht, § 650 Anm. C. 2. Demgegenüber ist nach Canaris, in Großkomm. HGB § 363 Anm. 87, ein Fortbestand des mittelbaren Besitzes nicht erforderlich.

49 RGZ 74, 49; 89, 40; 90, 211.

50 Prüßmann/Rabe, Seehandelsrecht, § 650 Anm. C. 2.

51 Schaps/Abraham, SeeR, § 650 Rn. 14; a.A. Canaris, in Großkomm. HGB Anm. 83; Stengel, Orderkonnossement, S. 162.

52 RGZ 119, 217 f.; Helm, in Großkomm. HGB § 444 Anm. 2; Franken, kombinierter Transport, S. 73 f.; Pappenheim, SeeR, S. 351; Wüstendörfer, Seehandelsrecht, S. 324; Schaps/Abraham, SeeR, § 650 Rn. 15; Schlegelberger-Liesecke, Seehandelsrecht, § 650 Rn. 5; Prüßmann/Rabe, Seehandelsrecht, § 650 Anm. C. 3. b.; Norf, Konnossement, S. 30 f.

denfalls dann der Fall, wenn der Frachtführer bzw. Verfrachter das Gut an den Empfangsberechtigten ausliefert und damit sein Besitz endet (§§ 448, 653 HGB).

dd) Rechtserwerb mittels Traditionswirkung

Der Erwerb dinglicher Rechte an den im Ladeschein/Konnossement aufgeführten Gütern richtet sich nach dem BGB (§§ 932, 936 Abs. 1 und 2, 1207 BGB). Die Übergabe der Güter wird durch die Ladeschein-/Konnossementsübergabe ersetzt. Daher kann der Erwerber keine weitergehenden Rechte erlangen, als er bei unmittelbarer Sachübergabe erhalten hätte. Ist der Veräußerer nicht Eigentümer, so wird der Ladeschein-/Konnossementserwerber nach § 932 BGB dann Eigentümer, wenn er den Veräußerer ohne grobe Fahrlässigkeit für den Eigentümer gehalten hat. Ein gutgläubiger Erwerb ist allerdings nach § 935 BGB ausgeschlossen, wenn die im Ladeschein/Konnossement ausgeführten Güter dem unmittelbaren Besitzer abhanden gekommen sind.[53]

Der wertpapierrechtliche Schutz des guten Glaubens geht freilich weiter als der beim Eigentumserwerb im BGB. Ein gutgläubiger Erwerb richtet sich nach der für den gutgläubigen Erwerb der Urkunde geltenden Vorschriften (§ 365 Abs. 1 HGB, Art 16 Abs. 2 WG). Der förmlich berechtigte Inhaber, der den abhanden gekommenen Ladeschein/das Konnossement gutgläubig ohne grobe Fahrlässigkeit erworben hat, wird nach § 365 HGB in Verbindung mit Art. 16 Abs. 2 WG Eigentümer der Urkunde, wenn er sein Recht durch eine ununterbrochene Reihe von Indossamenten nachweisen kann (Art. 16 Abs. 1 WG). Hier gelten die §§ 932 ff. BGB, § 366 HGB nicht. Es ist deshalb der gutgläubige Erwerb eines gestohlenen Traditionspapiers zugleich mit dem gutgläubigen Erwerb der nicht abhanden gekommenen Güter möglich.[54]

ee) Theoretische Begründungen der Traditionswirkung

Die dogmatische Einordnung der Traditionswirkung kann den §§ 424, 450, 650 HGB nicht entnommen werden. Es wurden in der Literatur demzufolge verschiedene theoretische Begründungen gegeben. Im Anschluß an Heymann[55] ist es üblich, diese Theorien zu drei großen Gruppen zusammenzufassen, die als absolute, streng relative und relative oder Repräsentationstheorie bezeichnet werden.

---

53 BGH NJW 1958, 1485; Pappenheim, SeeR, S. 358; Wüstendörfer, Seehandelsrecht, S. 325; Abraham, SeeR, S. 175; Schaps/Abraham, SeeR, § 650 Rn. 18 f.; Schlegelberger-Liesecke, Seehandelsrecht, § 650 Rn. 9; Prüßmann/Rabe, Seehandelsrecht, § 650 Anm. D. 3.

54 Baumbach/Hefermehl, WG Art. 16 Rn. 8.

55 Traditionspapiere, S. 135.

1. Absolute Theorie

Nach der absoluten Theorie[56] enthalten die §§ 424, 450, 650 HGB eine eigenständige Form des Sachenrechtserwerbs, die zusätzlich zu den in den §§ 929 ff. BGB geregelten Tatbeständen hinzukommt.

Um ein dingliches Recht zu übertragen, verlangt die absolute Theorie für die Traditionspapiere Einigung über den Übergang des Eigentums und Übergabe des Papiers. Ob der Empfänger des Papiers auch mittelbaren Besitz am beförderten Gut erlangt, ist unerheblich, die Rechtserwerbsfrage ist von der Besitzfrage völlig losgelöst. Gefordert wird nur, daß der aus der Urkunde Berechtigte die Sache übernommen hat. Eine Ausnahme wird nur für den Fall gemacht, daß zwischenzeitlich ein gutgläubiger Rechtserwerb nach den §§ 932 ff. BGB, § 366 HGB eingetreten ist. Die Traditionswirkung entfällt mit dem gutgläubigen Erwerb der Güter durch einen Dritten.

2. Streng relative Theorie

Im Gegensatz dazu sieht die streng relative Theorie[57] in der Traditionswirkung keine neben den sachenrechtlichen Erwerbsformen des BGB besondere Erwerbsart. Hiernach stellt die Übertragung des Traditionspapiers nur die Übertragung des Herausgabeanspruchs nach § 931 BGB dar. Der gutgläubige Erwerb vom Nichtberechtigten richtet sich folglich nach § 934 BGB, für die Frage des lastenfreien Erwerbs gilt grundsätzlich § 936 Abs. 3 BGB, und verpfändet werden die Papiere nach § 1205 BGB.

Diese Theorie hat kaum Anhänger gefunden, weil die durch sie erzielten Ergebnisse unbefriedigend sind.[58]

3. Relative oder Repräsentationstheorie

Herrschend ist heute die sogenannte relative oder Repräsentationstheorie[59]. Diese ordnet, ebenso wie die streng relative Theorie, den Rechtserwerb durch Traditionspapiere, den allgemeinen Grundsätzen des BGB unter. Der Erwerber eines Traditionspapiers erwirbt durch die Übergabe der Urkunde tatsächlich nur den mittelbaren Besitz an dem Gut, bzw. das Gut wird durch die als Sache gedachte Urkunde repräsentiert.

---

56 Sie wurde von Heymann selbst (Traditionspapiere, S. 161 f.) verteten; Siehe neuerdings dazu Stengel, Orderkonnossement, S. 13.

57 Vor allem Hellwig, Verträge, S. 345; Makower, HGB § 424 Anm. II a; siehe neuerdings zu ihr Stengel, Orderkonnossement, S. 6 f.

58 Schaps/Abraham, SeeR, § 650 Rn. 10. m.w.N.

59 RGZ 89, 41; 104, 411; 119, 220. Aus der Literatur z.B. Schlegelberger-Liesecke, Seehandelsrecht, § 650 Rn. 2; Prüßmann/Rabe, Seehandelsrecht, § 650 Anm. B.1; Schlegelberger-Hefermehl, HGB § 363 Rn. 53; neuerdings Stengel, Orderkonnossement, S. 8 f.

Daher kommt für den Eigentumserwerb nach dieser Theorie[60] nicht § 931 BGB, sondern § 929 BGB zur Anwendung, wobei die reale Übergabe der Ware durch die Übergabe der Urkunde ersetzt wird. Das Konnossement z.B. repräsentiert die Ware aber nur solange, wie der Verfrachter dieselbe für den aus dem Papier Berechtigten besitzt.[61] Demnach kann das Eigentum nicht übergehen, wenn der Verfrachter den Besitz verloren oder seinen Fremdbesitz in Eigenbesitz verwandelt hat.

Nach der Repräsentationstheorie besteht die Traditionswirkung nur solange, wie der aus der Urkunde Berechtigte mittelbarer Besitzer des Gutes ist. Sie bietet allerdings dem Erwerber eine unbedingte Sicherheit dafür, daß ihm der Verfrachter später Eigentum überträgt. Die Theorie entspricht dem Sinn des Gesetzes auch am besten, weil dieses eben durch das Erfordernis der Übergabe des Gutes an den Verfrachter zum Ausdruck bringen will, daß dieser Besitzer für den Urkundeninhaber sein muß, um eine Traditionswirkung des Konnossements zu ermöglichen.

2. *Funktionen nach bestimmten ausgewählten Rechtsordnungen*

a) Skripturhaftung

In manchen Ländern, z.B. in Frankreich, England, den U.S.A., den Niederlanden und den skandinavischen Ländern, besteht in bestimmten Fällen auch eine Skripturhaftung, d.h. eine Haftung für die inhaltliche Richtigkeit der Konnossementsangaben.

In Frankreich kann nach dem Gesetz[62] die Unrichtigkeit von Konnossementsangaben nur gegenüber dem Befrachter geltend gemacht werden.

Der englische Gesetzgeber bestimmte in sect. 3 des Bills of Lading Act von 1855 ausdrücklich, daß der Unterzeichner des Konnossements einem gutgläubigen Erwerber nicht entgegenhalten kann, die Güter seien anders als im Konnossement beschrieben[63], während in den Niederlanden die Rechtsprechung einen skripturrechtlichen Schutz des gutgläubigen Erwerbers entwickelt hat.[64]

In den U.S.A sind Gesetzgebung und Praxis nicht so eindeutig. Nach dem Act Relating to the Carriage of Goods by Sea (COGSA) von 1936 erbringen die Angaben im Konnossement nur prima-facie Beweis.[65] Der Pomerene Act, der

---

60 Hier im Gegensatz zur streng relativen Theorie, aber übereinstimmend mit der absoluten Theorie.

61 Schlegelberger-Liesecke, Seehandelsrecht, § 650 Rn. 2.

62 Im April 1967 trat das Gesetz von Juni 1966 "sur les contrats d'affretement et de transport maritimes" mit dem Dekret vom Dezember 1966 in Kraft. Hierdurch werden 40 Artikel des alten Gesetzes vom Jahre 1936 ersetzt. Zur Änderung der Beweisfunktion kam es nicht; Liesecke, Hansa 1967, 1496 ff.

63 Hierzu ausführlich Carver, Carriage by Sea, Bd. I §§ 74.89.

64 Amsterdam Ship in Schade, 1960 Nr. 43 S. 116.

65 US-COGSA, sect. 3, subject 4.

speziell im internationalen Verkehr mit amerikanischen Häfen gilt und hinter den US-COGSA sect. 3 subject 4 zurücktritt, bestimmt dagegen die Skripturhaftung, wenn das Konnossement sich in den Händen eines gutgläubigen Erwerbers befindet.[66]

Die amerikanische Rechtsprechung[67] und Literatur[68] bewerten die Angaben im Konnossement nur entsprechend dem US-COGSA als prima-facie Beweis, denn sect. 3, subject 4 US-COGSA entspricht der Bestimmung in Art. III § 4 HR.

b) Traditionsfunktion

In den einzelnen Ländern ergeben sich Unterschiede der Traditionsfunktion des Konnossements insbesondere wegen der verschiedenen Übereignungsarten.

Das französische Recht geht von der Konsensualübereignung aus. Nach Art. 1583 Code Civil wird der Käufer bereits mit Abschluß des Kaufvertrages, unabhängig von jeder Besitzübertragung, Eigentümer der verkauften Ware, soweit sie individualisiert ist. Beim Gattungskauf muß deshalb im allgemeinen erst noch eine Konkretisierung erfolgen, was beim Überseekauf regelmäßig mit der Abladung geschieht. Traditionswirkung bedeutet, daß derjenige, der die Urkunde besitzt, auch ein Besitzrecht an der Ware hat.[69] Die Traditionswirkung soll somit den Warenumlauf zusätzlich sichern.[70]

Im englischen Recht vertritt das Konnossement den unmittelbaren Sachbesitz. Das Konnossement wird als "symbol of the goods" bezeichnet.[71] Der Sale of Goods Act (1893) legt die Übereignung nach dem Konsensualprinzip fest, so daß die Repräsentation des unmittelbaren Sachbesitzes durch das Konnossement vermutlich keine Bedeutung für die Übereignung der Ware hat.[72]

Auch nach amerikanischer Rechtsauffassung repräsentiert das Konnossement den Besitz an der Ware.[73] Der Pomerene Act bestimmt die Verpflichtung des Verfrachters, den Besitz entsprechend den Konnossementsbestimmungen für den jeweiligen berechtigten Konnossementsinhaber auszuüben.[74]

---

66 Pomerene Act, sect. 22.

67 The Margaret Lykes 1944 AMC 1128; The Vizcaya 1946 AMC 469.

68 Z.B. Knauth, Ocean Bills of Lading, S. 390: "Evidently it is still merely prima-facie evidence as between the carrier and the shipper."

69 Schaps/Abraham, SeeR, § 650 Rn. 23.

70 Bieber, Französisches Seefrachtrecht, S. 57.

71 Carver, Carriage by Sea, Bd. I § 351, Bd. II §§ 1045 f.

72 Schaps/Abraham, SeeR, § 650 Rn. 28 m.w.N.

73 Gilmore-Black, Law of Admiralty, S. 87: Bill of Lading represents or covers goods.

74 Pomerene Act sect. 31 (b).

3. Funktionen nach den internationalen Übereinkommen

Die Haager Regeln[75] von 1924 enthalten keine eindeutige Aussage über die Beweisfunktion des Konnossements. Entsprechend Art. III § 4 HR (prima-facie evidence of the receipt) erbringt das Konnossement nur den widerlegbaren Beweis dafür, daß die Waren an Bord genommen worden sind.

Jedoch gibt es im internationalen Bereich auch Entwicklungen, die die Beweisvermutung durch die Skripturhaftung ersetzen. Die Visby-Rules[76], die die Haager Regeln abgeändert haben und noch nicht in Kraft getreten sind, wollen gegenüber einem gutgläubigen Erwerber des Konnossements wieder eine gewisse Skripturwirkung einführen.[77]

Zwischenergebnis zu § 2

Bei der herkömmlichen Transportdokumentation werden die Warenpapiere nach ihren rechtlichen Funktionen in zwei Gruppen eingeteilt, wobei die Wertpapiereigenschaft eine entscheidende Rolle spielt. Nach den deutschen Rechtsvorschriften gehören nur Konnossement, Ladeschein und Orderlagerschein (numerus clausus) aufgrund ihrer Wertpapiereigenschaft zu den Transportdokumenten mit Traditionswirkung (Traditionspapieren). Die übrigen herkömmlichen Transportdokumente besitzen wegen fehlender Rechtsgrundlage keine Wertpapiereigenschaft und stehen demnach neben den Traditionspapieren und können in dem herkömmlichen Rechtssystem nicht durch Analogie verändert bzw. den Traditionspapieren gleichgestellt werden.

Die Traditionspapiere lassen sich nach ihren rechtlichen Funktionen systematisieren. Dies sind die Funktion der Empfangsbestätigung und der Verbriefung des Herausgabeanspruchs, die Beweis-, Präsentations-, Legitimations- und Transportfunktionen sowie schließlich die Traditionsfunktion, die das Kriterium für ein Traditionspapier darstellt.

---

75 S.o. II. 2.; abgesehen von der Ergänzung durch die sog. Visby-Rules.

76 S.o. § 1 II. 2.

77 Schaps/Abraham, SeeR, vor § 642 Rn. 17.

§ 3 Traditionsdokumente

I. Konnossement für Seetransport

1. Begriff und Bezeichnung des Konnossements

a) Begriff des Konnossements

Im deutschen Recht gibt es keine gesetzliche Definition des Konnossements. § 643 HGB zählt in seinen 11 Nummern nur die Angaben auf, die das Konnossement enthalten soll, ist aber nicht zwingend.[1] Die Aufzählung bedeutet nach unbestrittener Auffassung[2] nicht, daß das Fehlen einzelner oder mehrerer Angaben ohne weiteres die Wirksamkeit des Konnossements beeinträchtigt oder – wie beim Wechsel- oder Scheckrecht – dessen Nichtigkeit bewirkt. § 643 HGB ist nur von "instruktioneller Bedeutung".[3]

Ob eine Urkunde ein Konnossement ist, ist vielmehr in jedem einzelnen Fall unter Berücksichtigung der Verkehrsanschauung durch Auslegung der Urkunde selbst zu ermitteln.[4] Die Mindestanforderungen an den Inhalt des Konnossements ergeben sich aus seinen Funktionen, die es im Rechtsverkehr zu erfüllen hat.[5]

Nach einer von Schaps/Abraham[6] formulierten Definition ist Konnossement eine im Rahmen eines Seefrachtvertrages einseitig vom Verfrachter dem Ablader auf dessen Verlangen ausgestellte Urkunde, die eine Empfangsbescheinigung des Verfrachters enthält, aufgrund deren vermutet wird, daß die Güter so übernommen wurden, wie in dem Konnossement beschrieben, und in welcher der Verfrachter dem aus der Urkunde Legitimierten einen gegenüber dem Frachtvertrag selbständigen schuldrechtlichen Anspruch auf Auslieferung der Güter regelmäßig im Bestimmungshafen gegen Rückgabe der Urkunde gewährt.

b) Bezeichnung des Konnossements

Ob eine Urkunde durch den Gebrauch des Wortes "Konnossement" als solches bezeichnet werden muß, ist im deutschen Recht nicht geregelt. In der Praxis ist die Bezeichnung des Konnossements mit dem englischen Ausdruck "Bill of

1 Schaps/Abraham, SeeR, § 643 Rn. 2.

2 RGZ 20, 52 ff.; 65, 345 ff.; 80, 58 f.; Schaps/Abraham, SeeR, § 643 Rn. 1; Schlegelberger-Liesecke, Seehandelsrecht, § 643 Rn. 1, 2; Prüßmann/Rabe, Seehandelsrecht, § 643 Anm. A, B; Abraham, SeeR, § 21 III, (S. 167); Wüstendörfer, Seehandelsrecht, S. 301; Dumke, Konnossement, S. 9 f.

3 RGZ 65, 346 ff.; Schaps/Abraham, SeeR, § 643 Rn. 1.

4 Nielsen, Import- und Exportsicherung, S. 29.

5 Baumbach/Hopt, HGB § 363 Rn. 3.

6 SeeR, vor § 642 Rn. 3; ähnlich Schlegelberger-Liesecke, Seehandelsrecht, vor § 642 Rn. 3; Abraham, SeeR, § 21 I 1 (S. 165); Dumke, Konnossement, S. 2.

Lading" zwar üblich, kann aber fehlen oder auch anders lauten.[7] Wichtig ist nur, daß die wesentlichen inhaltlichen Erfordernisse eines Konnossements in der Urkunde enthalten sind, die Urkunde als Konnossement gewollt war[8] und vom Verkehr als Konnossement akzeptiert wird.[9]

2. *Regelung der Rechtsverhältnisse*

a) *Rechtsverhältnis zwischen dem Verfrachter und dem im Konnossement bezeichneten Empfänger*

Für das Rechtsverhältnis zwischen dem Verfrachter und dem Empfänger der Güter ist nach § 656 Abs. 1 HGB das Konnossement maßgebend.

Demnach richten sich Rechte und Pflichten aus dem Konnossement nach dem Inhalt des Konnossements,[10] wobei dessen Vorder- und Rückseite in Betracht kommen.[11] Aus dem Konnossement wird einseitig der Verfrachter verpflichtet,[12] dem legitimierten Inhaber des Konnossements[13] die im Konnossement aufgeführten bzw. die von ihm übernommenen Güter auszuliefern.[14]

Die Erfüllung der in § 614 HGB genannten Verpflichtungen des Empfängers, z.B. die Zahlung der Fracht, ist nicht Gegenleistung, sondern nur regelmäßige Voraussetzung für die Erfüllung der Verpflichtung des Verfrachters.[15]

b) *Abstraktheit zum Seefrachtvertrag und deren Durchbrechung*

Da die Auslieferungspflicht des Verfrachters direkt aus dem Konnossement entsteht und von den Pflichten auf Grund des Frachtvertrages verschieden ist,[16] ist sie einseitig und vom Frachtvertrag unabhängig. Außerdem begründet das Konnossement nach § 656 HGB zugunsten des Empfängers und des legitimierten Inhabers einen Herausgabeanspruch gleichgültig, ob ein Frachtvertrag überhaupt zustande gekommen ist.[17] Demnach ist das Konnossement in Bezug auf das der Beförderung zugrunde liegende Rechtsgeschäft ein abstraktes Wertpapier.[18]

---

7 Franken, kombinierter Transport, S. 61; Nielsen, Import- und Exportsicherung, S. 29.
8 RGZ 20, 57; Hans OLG HansGZ 1887, 279; Schaps/Abraham, SeeR, § 643 Rn. 1.
9 RG Recht 1912 Nr. 2704; Schaps/Abraham, SeeR, § 643 Rn. 1; Franken, kombinierter Transport, S. 61.
10 Schaps/Abraham, SeeR, § 656 Rn. 1.
11 Hans OLG HansGZ 1907, 166.
12 Schaps/Abraham, SeeR, § 656 Rn. 1.
13 Schaps/Abraham, SeeR, § 614 Rn. 9, 10, § 648 Rn. 2.
14 Schaps/Abraham, SeeR, vor § 642 Rn. 14.
15 Schaps/Abraham, SeeR, vor § 642 Rn. 14 und 18 m.w.N.
16 RGZ 4, 91; 34, 79; 46, 5; 74, 194.
17 BGHZ 25, 300; Prüßmann/Rabe, Seehandelsrecht, § 656 Anm. B. 2. m.w.N.; Nielsen, Import- und Exportsicherung, S. 29.
18 Zöllner, WPR, § 5 III 5 (S. 29/30); Canaris, in Großkomm. HGB § 363 Anm. 44; Dumke,

Die Abstraktheit des Konnossements wird erst durchbrochen, wenn das Konnossement durch eine sogenannte Inkorporationsklausel auf den Seefrachtvertrag ausdrücklich Bezug nimmt.[19]

Im Stückgüterverkehr deckt sich der Inhalt des Konnossements zwar gewöhnlich mit dem des Frachtvertrages, aber die nicht in das Konnossement aufgenommenen Bestimmungen des Frachtvertrages sind dem Empfänger gegenüber nur dann wirksam und zur Auslegung des Konnossementsinhalts zu verwenden,[20] wenn das Konnossement ausdrücklich auf sie Bezug nimmt.[21]

Bei Raumfrachtverträgen (Charter-Partie) im Sinne von § 557 HGB kommen die Inkorporationsklauseln häufig vor, wie z.B. "all the terms, conditions and exemptions contained in Charter Party are herein incorporated".[22]

Konnossemente, die der Charterpartie unterworfen sind, sind nach Art. 25 a ERA unter Akkreditiven aufnahmefähig.[23]

3. Rechtscharakter des Konnossements

a) Wertpapiereigenschaft des Konnossements

Nach der oben genannten Definition[24] des Konnossementes bestehen die für das Konnossement wesentlichen Elemente aus dem Empfangsbekenntnis des Verfrachters über die zur Beförderung angenommenen Güter und dem Versprechen, diese Güter dem legitimierten Konnossementsinhaber gegen Rückgabe der Urkunde am Bestimmungsort auszuliefern.[25] Da die Ausübung und Übertragung des im Konnossement verbrieften Rechts bzw. Herausgabeanspruchs ohne gleichzeitige Vorlegung der Urkunde nicht geltend gemacht werden kann, begründen die oben genannten wesentlichen Merkmale des Konnossements seine Eigenschaft als Wertpapier im Sinne des erweiterten Wertpapierbegriffs der herrschenden Lehre.[26]

Konnossement, S. 3; Nielsen, Import- und Exportsicherung, S. 29 f.; Franken, kombinierter Transport, S. 62.

19 Nielsen, Import- und Exportsicherung, S. 29.

20 ROHG 12, 131.

21 Schaps/Abraham, SeeR, § 656 Rn. 2 m.w.N.

22 Zum Begriff der Charter-Partie und zur Bedeutung der Inkorporationsklauseln: Nielsen, Import- und Exportsicherung, S. 30, Fn. 3 m.w.N.

23 Art. 25 a ERA (Erstmals wird das Charterpartie-Konnossement mit einer separaten Regelung erfaßt.).

24 S.o. § 3 I. 1. a.

25 Schaps/Abraham, SeeR, vor § 642 Rn. 5; Schlegelberger-Liesecke, Seehandelsrecht, vor § 642 Rn. 3; Prüßmann/Rabe, Seehandelsrecht, § 643 Anm. B.; Heerwagen, direkte Beförderungen, S. 62. Vgl. auch §§ 648 Abs. 2, 649, 651, 652 HGB, ferner § 664 Abs. 3 HGB für das Inhaberkonnossement.

26 S.o. § 2 I. 1. b.

b) Rekta-, Order- und Inhaberkonnossement

Das Konnossement kann als Rekta-, Order- oder Inhaberpapier ausgestellt werden.[27] Die Übertragungsform des in der Urkunde verbrieften Rechts richtet sich nach der wertpapiermäßigen Ausgestaltung des Konnossements. In jedem Fall ist die Traditionswirkung[28] gegeben, so daß stets die Übergabe des Konnossements "dieselben Wirkungen wie die Übergabe der Güter" hat (§ 650 HGB).

aa) Rektakonnossement

Wenn das Konnossement nur den Namen des Empfängers ohne Zufügung einer Orderklausel enthält, ist es reines Rektapapier.[29] Das HGB geht davon aus, daß das Rektapapier die gesetzliche Regel ist.[30] Die Übertragung des Herausgabeanspruchs ist nur nach den §§ 398, 413 BGB durch eine Abtretung des Rechts möglich.[31] Umstritten ist, ob zur Rechtsübertragung außer dem Abtretungsvertrag noch die Übergabe des Rektakonnossements erforderlich ist. Nach der herrschenden Meinung[32] ist die zusätzliche Übergabe der Konnossementsurkunde aber schon deshalb notwendig, weil ohne ihre Präsentation die Ware nicht ausgeliefert wird.[33]

bb) Orderkonnossement

Das Konnossement ist kein "geborenes", sondern ein "gekorenes" Wertpapier. Erst durch Hinzufügen einer Orderklausel nach § 363 Abs. 1 HGB wird das Konnossement zum Orderpapier, auf dessen Ausstellung der Ablader nach § 647 HGB mangels anderweitiger Vereinbarung Anspruch hat. In der Praxis bildet das Orderkonnossement die Regel.[34]

Die Rechte aus einem Orderkonnossement werden nach § 364 Abs. 1 HGB durch Indossament in Verbindung mit der Übergabe der Urkunde oder Vereinbarung eines Übergabeersatzes übertragen.[35] Durch Indossament gehen alle Rechte aus dem indossierten Konnossement auf den Indossatar über (§ 364 Abs. 1 HGB).

---

27 § 647 HGB; Nielsen, Import- und Exportsicherung, S. 30; Franken, kombinierter Transport, S. 67 m.w.N.

28 S.o. § 2 II. 1. f.

29 Baumbach/Hefermehl, WPR, Rn. 60.

30 § 647 Abs. 1 HGB; Schaps/Abraham, SeeR, § 647 Rn. 2.

31 Baumbach/Hefermehl, WPR, Rn. 61; Schaps/Abraham, SeeR, vor § 642 Rn. 19; Nielsen, Import- und Exportsicherung, S. 30.

32 Schaps/Abraham, SeeR, vor § 642 Rn. 19.

33 Prüßmann/Rabe, Seehandelsrecht, § 647 Anm. B.

34 Schaps/Abraham, SeeR, § 647 Rn. 2.

35 Nielsen, Import- und Exportsicherung, S. 31.

Im Gegensatz zum Wechsel- und Scheckrecht hat das Indossament auf einem Orderkonnossement jedoch nur Transport- und Legitimationsfunktion, aber keine Garantiefunktion für den Bestand des Herausgabeanspruchs.[36]

Der Wert des Indossaments liegt vor allem in dem erweiterten Gutglaubensschutz nach § 365 Abs. 1 HGB und in dem Einwendungsausschluß nach § 364 Abs. 2 HGB, denn der Konnossementsaussteller kann dem durch Indossament legitimierten Konnossementsinhaber nur Gültigkeitseinwendungen und Inhaltseinwendungen sowie solche Einwendungen entgegensetzen, die dem Aussteller unmittelbar gegen ihn zustehen.[37]

cc) Inhaberkonnossement

Die Ausstellung des Konnossements als Inhaberpapier ist zulässig, in der Praxis aber sehr selten.[38] Das Inhaberkonnossement wird wie eine bewegliche Sache durch Einigung über den Eigentumsübergang der Urkunde und deren Übergabe oder Übergabesurrogat nach den §§ 929 ff. BGB übertragen.[39]

4. Wirtschaftliche Bedeutung des Konnossements

a) Bedeutung im Warenumsatzgeschäft

Das Konnossement vertritt im Warenverkehr über See die Ware selbst. Während die Ware noch unterwegs ist, können Warenumsatzgeschäfte schon in der Zwischenzeit abgewickelt werden, zumal das Konnossement per Flugpost erheblich schneller reist als die Ware. Demnach dient das Konnossement außer seiner eigentlichen Bedeutung als Transportdokument in der transportvertraglichen Beziehung zuerst dem Zwecke der Beschleunigung und Vereinfachung des Güterumlaufs.

b) Bedeutung bei der Zahlungsabwicklung ohne Akkreditiv

Gerade im Überseehandel mit seinen langen Transportzeiten zögern Verkäufer, Waren zu übergeben, bevor sie Zahlung erhalten haben, während Käufer es vorziehen, bereits vor Zahlung die Verfügungsgewalt über die Ware zu erlangen. Zahlung Zug um Zug gegen tatsächliche Warenübergabe ist nur in seltenen Fällen möglich, so daß in der Regel ein Kompromiß gefunden wird: Zahlung gegen fingierte Lieferung, d.h. gegen Übergabe von Dokumenten, die Eigentum oder Verfügungsgewalt über die Waren übertragen. Hieraus hat sich im Welthandel die dokumentäre Abwicklung von Kaufverträgen aufgrund der Zah-

---

36 Baumbach/Hefermehl, WPR, Rn. 52.

37 Schaps/Abraham, SeeR, vor § 642 Rn. 19.

38 Schaps/Abraham, SeeR, vor § 642 Rn. 19 m.w.N.

39 Schaps/Abraham, SeeR, vor § 642 Rn. 19; Prüßmann/Rabe, Seehandelsrecht, § 647 Anm. A.

lungsklausel "Kasse gegen Dokumente" entwickelt. Damit dient das Konnossement auch der Zahlungsabwicklung.

c) Bedeutung im Akkreditivgeschäft

Beim Dokumenten-Akkreditiv[40] kommt den Transportdokumenten eine Schlüsselrolle zu. Nach Art. 4 der ERA befassen sich "im Akkreditivgeschäft ... alle Beteiligten mit Dokumenten und nicht mit Waren".

Die Sicherung im Akkreditivgeschäft erreicht der Käufer, indem er durch Festlegung von Inhalt, Art und Ausstattung der Dokumente im Kaufvertrag die Akkreditivbank anweist, die Dokumente nur bei Übereinstimmung mit seinen Vorgaben einzulösen. Umgekehrt ist der Verkäufer als Begünstigter des Akkreditivs vom Risiko befreit, liefern zu müssen, ohne im Gegenzug den Kaufpreis zu erhalten.

Die Finanzierungs- bzw. Kreditfunktion des Dokumenten-Akkreditivs liegt bei der Klausel 'Dokumente gegen Bezahlung' (Documents against Payment) darin, daß der Verkäufer sofort bei Einreichung der Dokumente bezahlt wird, ohne die Transportdauer finanzieren zu müssen. Damit begünstigt die Finanzierungsfunktion den Verkäufer. Ist hingegen 'Dokumente gegen Akzept' (Document against acceptance) vereinbart, zahlt der Käufer erst nach Ablauf des Zahlungsziels mit der Einlösung des Wechsels. Hier begünstigt die Finanzierungsfunktion den Käufer.

Demnach dient das Konnossement den Sicherungs- und Finanzierungsfunktionen[41] des Dokumenten-Akkreditives im Akkreditivgeschäft.

II. Ladeschein für Landfracht/Binnenschiffahrt

1. Begriff und Bezeichnung des Ladescheins

a) Begriff des Ladescheins

Ebenso wie für das Konnossement gibt es auch für den Ladeschein keine gesetzliche Definition. Ähnlich wie das Konnossement[42] ist der Ladeschein eine einseitig vom Frachtführer ausgestellte Urkunde, worin dieser den Empfang bestimmter Güter zum Zwecke der Beförderung bestätigt und sich außerdem zu deren Auslieferung an den durch den Ladeschein Legitimierten gegen Rückgabe der Urkunde verpflichtet.

Diese Angaben brauchen sich beim Ladeschein nicht wörtlich oder ausdrücklich aus der Urkunde zu ergeben. Nach § 445 HGB "soll" ein Ladeschein

---

40 S.o. § 1 II. 6.

41 Zahn/Eberding/Ehrlich, Zahlungssicherung, S. 41.

42 Auf das Konnossementsrecht verweist z.B. Helm, in Großkomm. HGB § 445 Anm. 1.

die in diesem Paragraphen aufgeführten Angaben enthalten. Schon durch diese Wortwahl ist klar, daß das Fehlen einzelner Angaben die Gültigkeit des Ladescheins nicht unbedingt hindert.[43] Ob eine Urkunde ein Ladeschein ist, läßt sich nur durch Auslegung der Urkunde nach den Umständen des Einzelfalles ermitteln.

b) Bezeichnung des Ladescheins

Ähnlich wie das Konnossement braucht der Ladeschein nicht als solcher bezeichnet zu werden. Bezeichnungen in der Binnenschiffahrt wie "Flußkonnossement", "Binnenkonnossement" oder "Konnossement" sind häufig. Selbst die Bezeichnung "Frachtbrief" ist unschädlich, sofern sich nur aus der Urkunde alle wesentlichen Merkmale eines Ladescheins ergeben.[44]

2. Regelung der Rechtsverhältnisse beim Ladeschein

Ladeschein und Frachtvertrag stellen zwei völlig getrennte Rechtsverhältnisse dar.[45]

Der Ladeschein allein entscheidet, wie es in § 446 Abs. 1 HGB wörtlich heißt, „für“ das Rechtsverhältnis zwischen dem Frachtführer und dem Empfänger des Gutes. "Die nicht in den Ladeschein aufgenommenen Bestimmungen des Frachtvertrages sind dem Empfänger gegenüber unwirksam, sofern nicht der Ladeschein ausdrücklich auf sie Bezug nimmt." Für das Rechtsverhältnis zwischen dem Frachtführer und dem Absender allerdings bleiben nach § 446 Abs. 2 HGB die Bestimmungen des Frachtvertrages wirksam. Diese Vorschriften sind denen über Konnossemente in § 656 HGB sehr ähnlich. Außer der Bezeichnung der Vertragsbeteiligten stimmen die §§ 446 Abs. 2 und 656 Abs. 3 HGB sogar wörtlich überein.

In der Literatur wird bei der Behandlung des Ladescheinrechts häufig auf Entscheidungen Bezug genommen, die zum Konnossementsrecht ergangen sind. Beispielsweise vertritt Helm[46] unter Berufung auf eine Entscheidung des Bundesgerichtshofes zum Konnossementsrecht[47] die Auffassung, daß durch Ausstellung und Begebung des Ladescheins "neben der frachtrechtlichen Auslieferungsverpflichtung eine zweite wertpapierrechtliche Verpflichtung des Frachtführers" entstehe.

---

43 RGZ 106, 337 ff.; Helm, in Großkomm. HGB § 445 Anm. 1; Schlegelberger-Geßler, HGB § 445 Rn. 2; Heymann-Kötter, HGB § 445 Rn. 1; Baumbach/Hopt, HGB §§ 445 Rn. 1.

44 Baumbach/Hopt, HGB § 444 Rn. 1; Heymann-Kötter, HGB § 445 Rn. 1; Vortisch-Zschucke, Binnenschiffahrts- und Flößereirecht, § 72 Anm. 3 b; Heerwagen, direkte Beförderungen, S. 63.

45 BGHZ 73, 7; Baumbach/Hopt, HGB § 446 Rn. 1; RGZ 74, 193 ff. (über Konnossement).

46 Großkomm. HGB § 446 Anm. 2; ebenso Zöllner, WPR, § 5 III 5 (S. 30).

47 BGHZ 25, 300 ff.

Diese Auffassung ist zuzustimmen, da der Inhalt des Ladescheins (§ 445 Abs 1 HGB) das Rechtsverhältnis zwischen Frachtführer und dem Empfänger der Waren steuert. Neben die konkrete Verpflichtung aus dem Frachtvertrag tritt damit die wertpapierrechtliche Haftung des Frachtführers für den Inhalt des Ladescheins, den er unterzeichnet hat (§ 445 Abs. 2 HGB).

3. *Wertpapiereigenschaft des Ladescheins und Einwendungsausschluß*

Ein Ladeschein kann als Order- oder Rektapapier nach § 447 Abs. 1 HGB, aber auch als Inhaberpapier[48] ausgestellt werden.

Da der Frachtführer nur gegen Rückgabe des Ladescheins zur Ablieferung der Ware verpflichtet ist,[49] haben alle Ladescheine Wertpapiereigenschaft.

Die Grundlagen des Einwendungsausschlusses hängen davon ab, ob der Ladeschein als Inhaber-, Order- oder Namenspapier ausgestellt ist. Beim Inhaber-Ladeschein ergibt sich der Einwendungsausschluß aus den §§ 794, 796 BGB, beim Order-Ladeschein aus § 364 Abs. 2 HGB, der dem Aussteller nur Gültigkeits- und Inhaltseinwendungen sowie unmittelbare Einwendungen aus seinem Verhältnis zum legitimierten Inhaber des Konnossements gestattet.

Die Wirkung der unterschiedlichen Grundlagen besteht darin, daß der Frachtführer bei Ausstellung eines Namens-Ladescheins nur bei Abschluß des Begebungsvertrages haftet. Der Aussteller eines Order-Ladescheins haftet aber sowohl bei Begebungsvertrag als auch dem gutgläubigen Erwerber gegenüber dann, wenn der Order-Ladeschein in Verwahrung gegeben ist.[50]

Wie der Ladeschein übertragen wird, hängt wie beim Konnossement[51] davon ab, ob er als Inhaber-, Rektar- oder Oderpapier ausgestellt wird. In jedem Falle der Übertragungsform hat der Ladeschein Traditionswirkung nach § 450 HGB, der der Regelung des § 650 HGB für das Konnossement entspricht.[52]

4. *Wirtschaftliche Bedeutung, insbesondere bei der Binnenschiffahrt*

In der Landfracht und Binnenschiffahrt kann der Frachtführer einen Ladeschein über den Empfang bestimmter Güter zum Zwecke der Beförderung und Verpflichtung zur Auslieferung des Gutes ausstellen. [53] Die legitimierten Inhaber des Ladescheins können auch wie beim Konnossement über die Waren, die auf dem Transportweg sind, jederzeit verfügen. Wegen der kurzen Transportdauer im Landverkehr mit LKW ist die Ausstellung eines Ladescheins jedoch über-

48 Helm, in Großkomm. HGB § 444 Anm. 2; Schlegelberger-Geßler, HGB § 444 Rn. 3.
49 So ausdrücklich § 448 HGB.
50 RG 112, 204; Baumbach/Hopt, HGB § 446 Rn 2.
51 S.o. § 3 I. 3. b.
52 Helm, in Großkomm. HGB § 450 Anm. 1.
53 Für Landfracht siehe § 444 HGB; für Binnenschiffahrt findet § 444 HGB keine Anwendung, sondern siehe § 72 BSchG.

flüssig geworden.[54] Hier tritt an die Stelle des Ladescheins die Absenderausfertigung des Frachtbriefs. Der Frachtbrief ist aus der Nachricht entstanden, die der Absender dem Empfänger durch Übermittlung des Frachtführers zukommen ließ und in der Art und Umfang der Sendung näher beschrieben wurden.[55] In der Binnenschiffahrt, z.B. in der internationalen Rheinschiffahrt[56], ist ein Ladeschein bei den dort gegebenen langen Transportzeiten dagegen immer noch zweckmäßig.

Zwischenergebnis zu § 3

Die einzelnen Traditionsdokumente mit Wertpapiereigenschaft sind im deutschen Recht genau geregelt. Im HGB und anderen Gesetzen findet man Vorschriften über das Konnossement für den Seetransport, über den Ladeschein für die Landfracht und Binnenschiffahrt sowie über den Orderlagerschein für das Lagergeschäft. Die eigentliche wirtschaftliche Bedeutung solcher Traditionspapiere entfalten sich jedoch nicht in den transportvertraglichen Beziehungen, sondern im Warenumsatzgeschäft und bei der Zahlungsabwicklung, vor allem im Akkreditivgeschäft.

54 Nielsen, Import- und Exportsicherung S. 32.
55 Basedow, dokumentelose Wertbewegungen, S. 81 m.w.N.
56 Helm, in Großkomm. HGB § 444 Anm. 1.

§ 4 Dokumentation des modernen kombinierten Transportverkehrs

Beim modernen kombinierten Transport[1] werden aus Gründen der Rationalisierung und einer kostengünstigen Auftragsabwicklung mehrere Einzeltransporte mit unterschiedlichen Beförderungsarten zu einer einheitlichen Gesamtbeförderung zusammengefaßt. Solche kombinierte Transporte werden in aller Regel nicht von einem einheitlichen Recht beherrscht. Im nationalen wie im internationalen Bereich unterliegt der Frachtvertrag für jede Art von Beförderungsmittel einer besonderen Regelung; Unterschiede bestehen auch zwischen dem Recht für grenzüberschreitende Transporte und für Binnentransporte. Nur ausnahmsweise besteht die Möglichkeit, ein einheitliches Recht auf mehrere Transportabschnitte mit verschiedenen Transportmitteln zu erstrecken. Da es kein verkehrsmittelunabhängiges allgemeines in einem Gesetz geregeltes Frachtrecht gibt, herrschen in der Praxis vertragliche Regelungen vor.

Für Banken und Handel ist es notwendig, die Vielzahl der im einfachen und kombinierten Transportverkehr vorkommenden Dokumente nach bestimmten Kriterien einheitlich zu bewerten, z.B. welche Transportdokumente im Akkreditivgeschäft aufnahmefähig sind. Es ist sodann zu untersuchen, ob und gegebenenfalls inwieweit kombinierte Transportdokumente als Wertpapiere verwendet werden können.

I. Neue Einteilung der Transportdokumente nach Funktion des Ausstellers

1. Neues Kriterium der modernen Transportdokumentation in der Praxis (Fracht- und Speditionspapiere)

Die heutige Praxis des modernen Transport- und Dokumentenwesens, insbesondere des Außenhandels sowie des Akkreditivgeschäftes, stellt bei der Bewertung von zahlreichen Dokumenten weniger darauf ab, ob ein Dokument Traditionsfunktion hat bzw. zum Kreis der Orderpapiere im Sinne von § 363 HGB gehört, als vielmehr darauf, ob ein Transportdokument von einem Frachtführer oder "nur" von einem Spediteur ausgestellt wurde. Nielsen[2] hat die Funktion des Dokumentenausstellers sogar als entscheidend für die Anerkennung und Aufnahmefähigkeit der Dokumente bezeichnet. Seiner Meinung nach kommt es allein darauf an, "ob dieser als Frachtführer (carrier) die Verantwortung für die Durchführung des Transports übernimmt oder ob er sich nur als Spediteur (forwarding agent) verpflichtet, den Abschluß von Transportverträgen mit Dritten zu vermitteln".[3]

---

1 S.o. § 1 I. 2.

2 Import- und Exportsicherung, S. 20.

3 Nielsen, Import- und Exportsicherung, S. 20.

Beispielhaft für die Unterscheidung zwischen Fracht- und Speditionspapieren ist das Akkreditivgeschäft. Sowohl ein Konnossement im klassischen Sinne als auch ein anderes Transportdokument im Sinne der ERA ist das Akkreditiv, wenn es "seiner äußeren Aufmachung nach den Namen des Frachtführers auszuweisen scheint und vom Frachtführer oder von einem namentlich genannten Agenten für den Frachtführer unterzeichnet oder in anderer Weise authentisiert zu sein scheint" (Art. 23, auch Art. 24. ff. ERA).

2. *Begriff des Frachtführers (Dokumentenausstellers)*

a) *Bezeichnung des Frachtführers*

Die dem englischen "carrier", dem französischen "fréteur" entsprechende deutsche Bezeichnung des Frachtführers ist in den einzelnen Sparten des Frachtrechts sowie in der Praxis des kombinierten Transports sehr verschieden.

Im Seefrachtrecht heißt der Frachtführer "Verfrachter".

Beim Land- und Binnenschiffahrtstransport wird er als "Frachtführer" bezeichnet (§ 425 HGB). Diese Bezeichnung wurde auch in die deutsche Übersetzung des Übereinkommens über den Beförderungsvertrag im internationalen Straßengüterverkehr (CMR) übernommen. Art. 2 CMR spricht jedoch auch vom "Straßenfrachtführer", um diesen bei Regelung des sogenannten "Huckepackverkehrs" von den Frachtführern anderer Verkehrsmittel (Seeschiff, Eisenbahn) abzugrenzen.

Das Luftfrachtrecht[4] verwendet den Terminus "Luftfrachtführer". Für das Eisenbahnrecht[5] gilt nur der farblose Ausdruck "Eisenbahn".

Der Dokumentenaussteller von modernen kombinierten Transporten wird als "Combined Transport Operator" (CTO) und französisch als "entrepreneur du transport combiné" (ETC) bezeichnet. Bei Ausstellung des den Spediteuren empfohlenen Dokumentes "FIATA Combined Transport Bill of Lading" (FBL)[6] kann ein Spediteur auch als Frachführer tätig werden.[7]

b) *Verpflichtung des Frachtführers*

Der Frachtführer/Verfrachter ist diejenige Vertragspartei, die sich verpflichtet, im eigenen Namen die Güter in der vereinbarten Weise zu befördern.[8] Er muß den Transport nicht persönlich ausführen, sondern kann mit einem anderen Verfrachter einen Unterfrachtvertrag abschließen. Der Unterfrachtführer ist dann sein Erfüllungsgehilfe im Sinne des § 278 BGB.[9]

---

4 S.u. § 4 II. 1. a.
5 S.u. § 4 II. 1. a.
6 S.u. § 5 II.
7 Helm, in Großkomm. HGB § 425 Anm. 26; § 444 Anm. 8.
8 § 425 HGB für Land- und Binnenschiffahrt, § 556 HGB für Seeschiffahrt.
9 Franken, kombinierter Transport, S. 70.

Der Frachtführer/Verfrachter braucht keine eigenen Verkehrsmittel (Schiff, Flugzeug, LKW) zu besitzen, denn der Einsatz gemieteter bzw. gecharterter Verkehrsmittel ist möglich. Bei multimodalen Transportmitteln ist dies mindestens auf Teilstrecken sogar die Regel.[10]

Im Seefrachtrecht kommt es nach Loslösung des Verfrachterbegriffs vom Schiffseigentum ebenfalls in erster Linie darauf an, wer den Frachtvertrag abschließt, und nicht darauf, ob der Aussteller Reeder, Ausrüster oder nur Unterfrachtführer ist.[11] In der großen Mehrzahl der Fälle ist der Verfrachter jedoch auch zugleich Reeder oder Ausrüster.

Jede Person kann Verfrachter sein und damit ein Konnossement ausstellen, wenn sie die Stellung als Verfrachter übernimmt.[12]

Auch ein Landfrachtführer oder Spediteur kann ein Konnossement ausstellen, sofern nur die ausgestellte Urkunde alle notwendigen Bestandteile eines Konnossements enthält, insbesondere Empfangsbekenntnis und Auslieferungspflicht[13] am Bestimmungsort nach Durchführung eines Seetransports.

3. *Begriff des Spediteurs (Möglichkeiten zur Dokumentenausstellung)*

a) *Bezeichnung des Spediteurs*

Die dem englischen Terminus "forwarding agent" entsprechende deutsche Bezeichnung ist "Spediteur", welche z.B. vom HGB (§§ 407 ff.) und vor allem auch von den in den Speditionsverträgen regelmäßig zugrunde gelegten Allgemeinen Deutschen Spediteurbedingungen (ADSp) verwendet wird. Diese Bezeichnungen werden ebenfalls in allen von der FIATA herausgegebenen Standardformen verwendet, selbst dann, wenn der Spediteur bei Ausstellung des FBL als Frachtführer[14] tätig wird.[15]

b) *Verpflichtung des Spediteurs*

Der Spediteur ist nach § 407 HGB derjenige, der "es gewerbsmäßig übernimmt, Güterversendungen durch Frachtführer oder durch Verfrachter von Seeschiffen

10 Helm, in Großkomm. HGB § 412 Anm. 61.

11 Seit Inkrafttreten des Seefrachtgesetzes (SFrG) 1937; Schaps/Abraham, SeeR, § 642 Rn. 4; Prüßmann/Rabe, Seehandelsrecht, § 642 Anm. B. 1.; Schlegelberger-Liesecke, Seehandelsrecht, § 642 Rn. 2.

12 H.A., u.a. Schaps/Abraham, SeeR, § 624 Rn. 4; Schlegelberger-Liesecke, Seehandelsrecht, § 656 Rn. 26; Prüßmann/Rabe, Seehandelsrecht, § 642 Anm. B. 1.; Wüstendörfer, Seehandelsrecht, S. 295 f.; Abraham, SeeR, § 19 IV 1 (S. 142); Messerschmidt, Verfrachterkonnossement, S. 79, 93, 94; Heerwagen, direkte Beförderungen, S. 65 f.; Heini, Durchkonnossement, S. 37 f.; Norf, Konnossement, S. 10.

13 Diese Pflicht würde bei Beschränkung auf Speditionspflichten im Sinne der §§ 407 f. HGB fehlen.

14 S.u. § 4 I. 3. c. m.w.N.

15 Helm, in Großkomm. HGB § 425 Anm. 30.

für Rechnung eines anderen (des Versenders) im eigenen Namen zu besorgen". Der in § 407 HGB verwendete Begriff der "Versendung" bedeutet nicht das Befördern, sondern nur das Absenden sowie die dazugehörigen Tätigkeiten.[16] Die Hauptpflicht des Spediteurs besteht also darin, zur Besorgung der Versendung der Güter Beförderungsverträge mit Dritten zu schließen[17], während der Frachtführer eine eigene Beförderungsverpflichtung übernimmt.[18]

Der Spediteur, der nur die Versendung und nicht die Beförderung zu übernehmen hat, kann kein Konnossement ausstellen.[19]

c) Spediteur als Frachtführer

Ein Spediteur kann freilich unter Umständen auch ein Frachtpapier ausstellen. Nach § 412 Abs. 1 HGB hat der Spediteur "zugleich die Rechte und Pflichten eines Frachtführers oder Verfrachters", wenn er von seiner Befugnis auf Selbsteintritt Gebrauch macht, d.h. die Beförderung des Gutes selbst ausführt. Hat sich der Spediteur nach § 413 Abs. 1 HGB mit dem Versender über einen bestimmten Satz der Beförderungskosten geeinigt (Fixkostenspedition), so hat er sogar "ausschließlich die Rechte und Pflichten eines Frachtführers". Das gleiche gilt nach § 413 Abs. 2 HGB auch dann, wenn der Spediteur die Versendung des Frachtgutes zusammen mit den Gütern anderer Versender aufgrund eines für seine Rechnung über eine Sammelladung geschlossenen Frachtvertrages vornimmt. In diesem Fall kann er auch ein Konnossement ausstellen.

Beim Akkreditivgeschäft wird ein durch einen Spediteur ausgestelltes Transportdokument von den Banken nur angenommen, wenn Spediteure in der Eigenschaft eines Frachtführers oder Multimodal Transport Operators oder als deren Agent unterzeichnen (Art. 30 ERA). Hiervon erfaßt wird auch das früher in Artikel 25 d. ERA (1983) angeführte FIATA Combined Transport Bill of Lading.

II. Rechtliche Zuordnung der kombinierten Transportdokumente

1. Frachtrechtliche Grundlagen des kombinierten Transports

a) Verschiedene Frachtrechte je nach Beförderungsmittel

Bisher haben die Bestrebungen zur Vereinheitlichung des Rechts der kombinierten Transporte durch den Abschluß internationaler Abkommen zu keinem

16 Helm, in Großkomm. HGB §§ 407-409 Anm. 68; Nielsen, Import- und Exportsicherung, S. 22.

17 Helm, in Großkomm. HGB §§ 407-409 Anm. 97.

18 S.o. § 4 I. 2. b.

19 HOLG, VersR 79, 812; 79, 814; 82, 342; NJW 82, 1943; Hansa 82, 1038.

Erfolg geführt.[20] Demnach bleiben sowohl das deutsche als auch internationale Frachtrecht weiterhin zersplittert. Für jedes Verkehrsmittel gibt es im Hinblick auf die Haftungsregeln und die Bestimmungen über Dokumente in der ganzen Welt ein eigenes Recht.[21]

Aus der deutschen Sicht gelten außer dem 5. Buch (Seehandel) des HGB für Seefrachtrecht[22] und einigen Vorschriften des HGB i.V.m. BSchG sowie Übereinkommen über den Beförderungsvertrag im internationalen Straßengüterverkehr (CMR)[23] für Landfracht und Binnenschiffahrtsgeschäft[24], je nachdem ob der Verkehr national oder international ist, folgende Gesetze und internationale Übereinkommen:

- das Güterkraftverkehrsgesetz (GüKG), die Kraftverkehrsordnung (KVO) und das CMR für den Güterkraftverkehr;
- §§ 453 ff. HGB, die Eisenbahn-Verkehrsordnung (EVO), und das Internationale Übereinkommen über den Eisenbahnfrachtverkehr (CIM) für den Eisenbahnverkehr;
- das Luftverkehrsgesetz (LVG) und das Abkommen zur Vereinheitlichung von Regeln über die Beförderung im Internationalen Luftverkehr (Warschauer Abkommen = WA) für den Luftverkehr.

b) Ausgestaltung kombinierter Transportdokumente durch nichtstaatliche, internationale Organisationen

Da das Interesse der Handels- und vor allem der verladenden Wirtschaftsbranchen immer stärker auf das Angebot von Verträgen im kombinierten Transport gerichtet ist, haben nichtstaatliche, internationale Organisationen eigene kombinierte Transportdokumente ausgearbeitet, z.B. die Allgemeinen Bedingungen (1970) "Combined Transport Bill of Lading" (FBL) der FIATA[25], die "Einheitlichen Richtlinien für ein kombiniertes Transportdokument (Uniform Rules for a combined Transport Document – UR)" der ICC.[26] Solche Regelungen haben nicht die Qualität von Gewohnheitsrecht oder Handelsbrauch, sondern gelten nur durch Vereinbarung als Allgemeine Geschäftsbedingungen.[27]

20 S.o. § 1 II. 1-5.
21 Helm, in Großkomm. HGB § 425 Anm. 19; Schaps/Abraham, SeeR, Anh. I § 656 Rn. 11.
22 S.o. § 2 I. 1. c.
23 Für die Bundesrepublik ist das CMR 1962 in Kraft getreten.
24 S.o. § 2 I. 1. c.
25 S.u. § 5 II. m.w.N.
26 S.u. § 5 III. m.w.N.
27 Steinschulte, Durchfrachtverkehr, S. 8; von Tegelen, kombinierter Verkehr, S. 35; Zahn/Eberding/Ehrlich, Zahlungssicherung, S. 136.

2. *Rechtliche Eigenschaften der kombinierten Transportdokumente*

Nach kaufmännischen Gesichtspunkten sind die drei bekanntesten kombinierten Transportdokumente, nämlich das FBL[28], das CT-Dokument der ICC[29] und manche Durchkonnossemente von Schiffahrtsunternehmen[30], sowohl handelsfähig als auch akkreditivfähig.[31] Aber die Feststellung der rechtlichen Eigenschaften eines Frachtpapiers kann zur Beurteilung durch die beteiligten Kaufleute beitragen und somit die Sicherheit der Geschäftsabwicklung verbessern.

Da sich die oben genannten drei kombinierten Transportpapiere in typischen Merkmalen ähneln, wird im folgenden mit Schwerpunkt auf dem FBL und CT-Dokument untersucht werden, ob und inwieweit sie die wünschenswerten rechtlichen Eigenschaften, vor allem Wertpapiereigenschaft, haben.

a) *Empfangsbestätigung*

Für den Käufer, der gegen Vorlage eines Wertpapiers den Kaufpreis zahlt, ist ein Nachweis entscheidend, daß die verladenen Güter nach Zahl, Gattung und Beschaffenheit der vertraglichen Vereinbarung entsprechen und daß sie vom Verkäufer auf den Weg zu ihm gebracht worden sind. Dieser Nachweis wird erbracht durch die Empfangsbestätigung des Dokumentenausstellers, die dem Empfänger gegenüber verbindlich ist.

Beim Containerverkehr werden die Güter vom Unternehmer des kombinierten Transports (CTO)[32] in verschlossenen Behältern übernommen; eine Überprüfung des Inhalts ist daher technisch nicht möglich und würde den wesentlichen Vorteil solcher Transporte (die unberührte Beförderung von Haus-zu-Haus) zunichte machen.[33] In dieser Situation würde der CTO die Verbindlichkeit der Angaben von sich weisen. Eine solche Empfangsbestätigung würde dann keine ausreichende Sicherheit für den Käufer oder die kreditgewährende Bank bieten[34] und damit als Warenpapier unbrauchbar sein, weil der Käufer sich auf das Wort des Verkäufers verlassen müßte.

Um dies zu vermeiden, erbringt das kombinierte Transportdokument nach UR 9 Abs. 3, FBL 3.3 den prima facie-Beweis dafür, daß der CTO die Güter so übernommen hat, wie sie in dem Papier beschrieben worden sind. Falls das Dokument in begebbarer Form ausgestellt ist,[35] ist der Beweis des Gegenteils ausgeschlossen gegenüber einem Dritten, der beim Erwerb des CT-Dokumentes in gutem Glauben war (UR 9 Abs. 3; FBL 3.3.). Darüber hinaus bestimmen die

28 Ausführlich s.u. § 5 II.
29 Ausführlich s.u. § 5 III.
30 Ausführlich s.u. § 5 I.
31 Helm, Festschrift Hefermehl, S. 63 f.
32 S.o. § 1 II. 3. und s.u. § 5 III. 1.
33 Helm, Festschrift Hefermehl, S. 64.
34 Helm, Festschrift Hefermehl, S. 65.
35 Das Papier lautet an Order oder auf den Inhaber (UR 3. a).

Vorschriften für das FBL (FBL 3.3.), daß der Beweis des Gegenteils auch demjenigen gegenüber nicht geführt werden kann, dem ein Bill of Lading im Wege der Zession abgetreten worden ist.

Wenn der begründete Verdacht für die Unrichtigkeit der Angaben des Absenders besteht, kann der CTO jedoch zu seinem Schutz Vorbehalte in das Dokument aufnehmen (UR 9 Abs. 2). Außerdem ist der Absender für unrichtige Beschreibungen dem CTO gegenüber regreßpflichtig (UR 7; FBL 5.1.). Der Käufer, der ein Transportdokument des kombinierten Verkehrs aufnimmt, hat zwar nicht die Gewähr, daß die Ware ihm tatsächlich so ausgehändigt wird, wie sie das Papier beschreibt, er wird aber vor Schaden geschützt.

b) Haftung

Ein Transportdokument ist als Kreditunterlage nur tauglich, sofern es dem Käufer und Papierinhaber eine durchgehende Haftung des Frachtführers gewährt. Daher tritt im Falle des Verlustes oder der Beschädigung während des Transports an die Stelle der Waren ein Schadensersatzanspruch gegen den Frachtführer. Der CTO übernimmt die Verantwortung für die Auslieferung der Güter (UR 5 f.; FBL 6.B.) und haftet nach UR 14 für Verzögerung, Verlust und Beschädigung. In diesem haftungsrechtlichen Sinne liegt ein Verlust auch vor, wenn eine andere als die in dem Dokument beschriebene Sache in dem Behälter versandt wurde (UR 9). Grund und Umfang der Haftung stellen darauf ab, ob der Ort des Schadenseintritts bekannt ist.

aa) Network-System

Bei bekanntem Schadensort gilt das sog. Network-System.[36] Danach haftet der CTO wie ein Frachtführer des Beförderungsmittels, auf dessen Transportabschnitt der Schaden eingetreten ist.[37] Der Vorteil dieses Verfahrens besteht für den CTO darin, daß die eigene Ersatzpflicht seinen Regreßanspruch gegen den Unterfrachtführer nicht übersteigt. Der Berechtigte steht andererseits nicht schlechter, als wenn der Transportvertrag nicht als kombinierter, sondern für den jeweiligen Abschnitt unmittelbar mit dem Frachtführer des betreffenden Beförderungsmittels abgeschlossen worden wäre.

bb) Prinzip der Einheitshaftung

Bei Schäden mit unbekanntem Schadensort, auch für Verschulden außerhalb der einheitlichen Beförderung[38], gilt das Prinzip der Einheitshaftung (UR 11, FBL 6 A 1). Der CTO schuldet Schadensersatz, der sich in seiner Höhe nach

36 Ebenso schon der TCM-Entwurf, s.o. § 1 II. 4.

37 UR 13; FBL 6 B bzw. je nach Verkehrsmittel gemäß KVO, EVO, CIM usw.

38 Helm, Festschrift Hefermehl, S. 66.

dem Wert der Güter richtet, den diese am Tag und am Ort der beabsichtigten Auslieferung gehabt haben würden (UR 11 a, b; FBL 8.1, 8.2.), höchstens aber 30 Franken je Kilogramm der verlorenen oder beschädigten Waren (UR 11 c; FBL 8.3.), es sei denn, ein höherer Wert ist mit Zustimmung des CTO in dem Dokument niedergelegt worden (UR 11 c.).

Die Haftung des CTO ist dem Grunde nach ausgeschlossen, wenn die Schadensursache der Sphäre des Absenders oder Empfängers entstammt (UR 12; FBL 6 A 2). Hierzu zählen etwa deren fehlerhaftes Verhalten, unzulängliche Verpackung, Ladefehler und innere Beschaffenheit der Güter. Ferner ist die Haftung ausgeschlossen für Schäden, die infolge höherer Gewalt (UR 12 e; FBL 6 A 2 g), insbesondere Störungen des Arbeitsfriedens (UR 12 e; FBL 6 A 2 g), eingetreten sind. Die Beweislast obliegt dem CTO (UR 12 Abs. 2; FBL 6 A 4). Außervertragliche Schadensersatzansprüche unterliegen denselben Haftungsbeschränkungen wie die aus dem CT-Geschäft (UR 16; FBL 10.2.). Der CTO kann sich auf seine Freizeichnung nicht berufen, wenn ihm Vorsatz oder grobe Fahrlässigkeit nachzuweisen sind (UR 17; FBL 10.2.).

Der kombinierte Frachtvertrag enthält also eine durchgehende Haftung zugunsten des legitimierten Empfängers, die zwar nicht uneingeschränkt ist, aber die wesentlichen Risiken des Transports abdeckt und hinter den Haftungsmaßstäben anderer Verkehrsformen nicht zurückbleibt. In der Praxis wird freilich in der Regel eine Transportversicherung abgeschlossen.[39]

c) *Sperrfunktion*

Grundsätzlich können Absender nach den im Transport- bzw. Speditionsrecht geltenden Regeln[40] auch nach Aushändigung der Ware an den Frachtführer abweichende Weisungen erteilen, z.B. die Ware an einen anderen als den im Dokument bezeichneten Empfänger auszuliefern, oder die Warenrückgabe verlangen. Ein Transportpapier kann im Handel die Ware jedoch nur vertreten, wenn der Frachtführer die Ware nicht mit befreiender Wirkung an eine andere Person ausliefern darf. Deshalb ist die nachträgliche Weisungsbefugnis bei Ausstellung von Traditionspapieren[41] ausgeschlossen, indem für jede Verfügung über die Ware die Vorlage des betreffenden Transportdokuments erforderlich ist. Traditionspapiere haben sodann automatisch Sperrfunktion.

Beim kombinierten Transport bieten die UR zwei befriedigende Lösungen[42]: Wenn das CT-Dokument in begebbarer Form als Wertpapier ausgestellt ist, dann lautet es auf den Inhaber oder an Order.[43] Der CTO wird hier von seiner

39 Im einzelnen Helm, Festschrift Hefermehl, S. 66 und Fn. 32.

40 § 433 HGB, § 72 EVO, Art. 21 CIM, § 27 KVO, Art. 12 CMR, § 26 BSchG, §§ 36, 37 BSchG, Art. 1 2 WA usw.

41 S.o. § 2 II. 1. c.

42 Helm, Festschrift Hefermehl, S. 67.

43 UR 3. a; FBL 3. 1. bezeichnet nur die nicht-negoziable und die negoziable Form. Ein Inhaber-FBL ist unbekannt (vgl. FBL 3. 2.). Möglich ist jedoch ein Blankoindossament, das

vertraglichen Auslieferungspflicht nur dann frei, wenn die Waren dem wertpapierrechtlich legitimierten Inhaber ausgehändigt werden (UR 3.g; FBL 2.1 a, 3. 2.). Eine nachträgliche Weisung ist nur dann vom CTO zu befolgen, wenn das Original-Dokument vorgelegt wird (UR 3.g; FBL 2. 1 a, 3.2.).

Beim nicht begebbaren CT-Dokument wird der CTO von seiner Auslieferungspflicht nur dann frei, wenn er die Güter an die Person ausliefert, die als Empfänger in der Urkunde namentlich aufgeführt ist oder ihm von diesem als zur Entgegennahme der Sendung berechtigt benannt wurde (UR 4.b; FBL 3.2. Satz 1). Folglich bedarf jede Änderung in der Person des Auslieferungsberechtigten einer Änderung der Eintragung im CT-Dokument und damit der Vorlage der Urkunde.

In jedem Fall ist der Besitzer des kombinierten Transportdokuments vor befreiender Auslieferung an einen Dritten oder Rückgabe an den Absender gesichert.[44] Somit haben auch die kombinierten Transportdokumente Sperrfunktion.

d) Wertpapiereigenschaft der kombinierten Transportdokumente

Die kombinierten Transportdokumente können nur Wertpapiereigenschaft besitzen, wenn sie die wesentlichen Merkmale des Wertpapiers[45] erfüllen. Da die kombinierten Transportdokumente nicht gesetzlich geregelt sind, muß untersucht werden, ob der Dokumentenaussteller und die übrigen Beteiligten die in Handel und Finanzierungsgeschäften erwünschten wertpapierrechtlichen Wirkungen erzielen wollen und ob bzw. inwieweit die gewollten Wirkungen nach deutschem Recht zulässig und begründet sind.

Maßgeblich für die Untersuchung sind die Vorstellungen der typischerweise am Handel beteiligten Wirtschaftskreise und nicht die des einzelnen Dokumentenbenutzers bzw. Handelspartners. Die UR und FBL sind internationale Allgemeine Geschäftsbedingungen und müssen demnach "objektiv" oder "generell" ausgelegt werden.[46]

Nach dem weiteren Wertpapierbegriff liegt das Wesen des Wertpapiers darin, daß zur Geltendmachung des verbrieften Rechts die Innehabung der Urkunde erforderlich ist. Hiernach zählen nicht nur die Inhaber- und Orderpapiere, sondern auch die Rektapapiere.

Nach dem engeren Wertpapierbegriff[47] liegt das Wesen des Wertpapiers in der Versachlichung des Rechts. Dabei folgt das "Recht aus dem Papier dem Recht am Papier". Deshalb sind nur die Inhaber- und Orderpapiere Wertpapiere.

Die kombinierten Transportdokumente können sowohl in begebbarer Form[48] als auch in nicht begebbarer[49] Form ausgestaltet werden (UR 3 und 4; FBL 3).

---

praktisch die Wirkungen eines Inhaberpapiers begründet.

44 Helm, Festschrift Hefermehl, S. 68.

45 S.o. § 2 I. 1. b. und § 2 II.

46 Sogenannte "objektive Auslegung"; BGHZ 42, 142 ff., ständige Rechtsprechung.

47 S.o. § 2 I. 1. b.

48 Andere Ausdrücke dafür: übertragbar, negotiable.

Da es ein einheitlich ausgestaltetes Formular für das kombinierte Transportpapier nicht gibt, ist es dann zu prüfen, ob ein den UR oder FBL entsprechendes Dokument die wesentlichen Voraussetzungen für ein Wertpapier erfüllt.

aa) Nicht begebbares kombiniertes Transportdokument

Das nicht übertragbare kombinierte Transportdokument ist in den UR nur bruchstückhaft geregelt (UR 4.); die FBL-Bedingungen beschränken sich auf eine bloße Erwähnung (FBL 3.1.). Darüber hinaus sind die Ansprüche des Empfängers in keiner anderen Form zedierbar. Der im CT-Dokument genannte Adressat kann nach UR 4.b. zwar verlangen, daß der CTO die für ihn bestimmten Güter an einen Dritten ausliefert. Dieser Dritte ist aber nur Empfangsbevollmächtigter, nicht Zessionar und Rechtsnachfolger des ursprünglichen Empfängers (UR 4.). Daher bleibt der im CT-Dokument genannte Empfänger weiterhin Gläubiger eines Auslieferungsanspruchs, der nur nach den §§ 362 Abs. 2, 185 BGB durch Leistung an einen Dritten erfüllt wird.

Ein nicht begebbares kombiniertes Transportdokument als Namenspapier ist kein Wertpapier nach dem weiteren Wertpapierbegriff, denn die Auslieferung der Güter an den in der Urkunde namentlich genannten Empfänger erfolgt (UR 4.b.), ohne daß dieser hierfür das Papier vorlegen muß. Um die Waren zu erhalten, benötigt der Empfänger das Dokument also nicht; aber der Papierbesitz schützt ihn vor nachträglichen abweichenden Verfügungen des Absenders und ist deshalb für ihn von Vorteil. Das nicht begebbare kombinierte Transportdokument hat keine praktische Bedeutung im kombinierten Transportverkehr.[50]

bb) Begebbares kombiniertes Inhabertransportdokument

Nach § 793 Abs. 1 Satz 1 BGB kann jedermann[51] eine Urkunde ausstellen, in der er dem Inhaber der Urkunde eine Leistung verspricht. Somit kann der Unternehmer des kombinierten Transports (CTO) den frachtrechtlichen Anspruch auf Auslieferung der übernommenen Güter am Bestimmungsort in einem kombinierten Inhaber-Transportdokument als Inhaberschuldverschreibung wertpapiermäßig verbriefen.[52] Die Übertragung des kombinierten Inhaberdokuments vollzieht sich wie jede andere Inhaberschuldverschreibung nach sachenrechtlichen Grundsätzen nach § 929 BGB. Ein solches Dokument ist sodann ein Wertpapier im engeren Sinne.

Ein gutgläubiger Rechtserwerb ist nach den §§ 932 ff. BGB, § 366 HGB, Art. 16 II WG möglich.[53] Nach den §§ 794, 796 BGB sind Einwendungen und Einreden weitgehend ausgeschlossen, so daß Gutglaubensschutz gewährleistet ist.

49 Anders ausgedrückt: nicht übertragbar, nicht-negotiable.

50 Nielsen, Import- und Exportsicherung, S. 43.

51 Palandt-Thomas, BGB § 793 Rn. 4; RGRK-Steffen, BGB § 793 Rn. 3.

52 Helm, in Großkomm. HGB § 444 Anm 10.

53 Helm, in Großkomm. HGB § 444 Anm. 10.

Da der CTO die Güter nur gegen Übergabe des kombinierten Inhaber-Transportdokuments an den Papierinhaber ausliefern darf (UR 3.f), hat das kombinierte Inhaber-Dokument Legitimationsfunktion. Der CTO wird nach UR 3. g . schon dann von der Auslieferungsverpflichtung frei, wenn er in gutem Glauben gegen Rückgabe eines von mehreren Originalen ausliefert, die in einem Satz für das Dokument ausgegeben worden sind. Das kombinierte Inhabertransportdokument ist somit Wertpapier im weiteren Sinne.

cc) Begebbares kombiniertes Ordertransportdokument

Das begebbare kombinierte Ordertransportdokument ist Wertpapier, denn gewollt sind bei ihm die Verbriefung des Auslieferungsanspruchs, die Legitimationswirkung und die Übertragbarkeit nach Indossamentrecht. Seine Anerkennung als gesetzliches Orderpapier ist jedoch umstritten.

Wie oben[54] dargelegt, können nach herrschender Meinung durch Parteiautonomie keine gesetzlich nicht vorgesehenen Orderpapiere geschaffen werden. Die Wirkungen des Indossaments, wie sie in den §§ 364, 365 HGB vorgesehen sind, können auch nicht durch vertragliche Vereinbarung herbeigeführt werden.[55] Demnach gehört das kombinierte Transportdokument an Order nicht zu dem Kreis der nach deutschem Recht anerkannten technischen Orderpapiere und hat nur den Rang eines "nichttechnischen", "einfachen" oder "zivilen" Orderpapiers.[56]

Ein Indossament, das auf ein solches Papier gesetzt wurde, hat nicht die in den §§ 364, 365 HGB vorgesehenen gesetzlichen Wirkungen. Ihm kommt nur die Bedeutung einer bürgerlich-rechtlichen Forderungsabtretung nach § 398 BGB zu.[57]

Nach § 398 BGB ist die Abtretung zwar grundsätzlich formfrei, die Wirksamkeit der Abtretung kann aber vertraglich von der Einhaltung einer bestimmten Form abhängig gemacht werden.[58] Die Indossierung des kombinierten Dokuments kann somit als die Abtretung des verbrieften Auslieferungsanspruchs unter den typischen Wirkungsvoraussetzungen des Indossaments angesehen werden. Das Eigentum an den Gütern folgt dann nach § 952 BGB dem Recht aus dem Papier. Ebenfalls können die Beweiswirkungen des Indossaments vertraglich zugunsten des jeweiligen Forderungsberechtigten vereinbart werden. Hinsichtlich der Übertragbarkeit der Rechte beim kombinierten Transportdokument an Order entsteht demnach praktisch kein Unterschied zum gesetzlichen Orderpapier nach dem engeren Wertpapierbegriff.

54 S.o. § 2 I. 1. d.

55 RGZ 101, 298 (299 f.); Schlegelberger-Hefermehl, HGB § 363 Rn. 51; Rehfeldt/ Zöllner, WPR, S. 21 f.; Gegenmeinung von Scheer, Haftung des Beförderers, S. 49 f.

56 Schlegelberger-Hefermehl, HGB § 363 Rn. 51.

57 RGZ 71, 30(33); 118, 34(38); 122, 221(224); Baumbach/Hopt, HGB Einf. § 363 Anm. 1 B; Schlegelberger-Hefermehl, HGB § 363 Rn. 60.

58 Helm, Festschrift Hefermehl, S. 71.

Da die Geltendmachung des verbrieften Rechts im kombinierten Ordertransportpapier von der Innehabung des Papiers abhängig gemacht ist (UR 3.f.), ist das kombinierte Transportdokument an Order Wertpapier im weiteren Sinne, obwohl es nicht zu den technisch indossablen Orderpapieren gehört.

Das zivile Orderpapier resultiert aus dem Fehlen eines einheitlichen internationalen Wertpapierrechts. Wegen der verschiedenartigen nationalen Rechtsordnungen können die UR- und FBL-Bedingungen für Wertpapiere keine Regelungen bis ins Detail enthalten.[59] Sie können nur eine bestimmte rechtliche Wirkungsweise der Dokumente beschreiben, die mit den Mitteln nationalen Rechts möglichst vollkommen erreicht werden soll (UR 3.g.; FBL 3.2.).

e) Erweiterter Gutglaubensschutz (Dritterwerberschutz)

Wird ein kombiniertes Inhabertransportdokument ausgestellt, so führt dies zum Schutz des gutgläubigen Erwerbers nach § 796 BGB. Dagegen kann § 364 Abs. 2 HGB auf das kombinierte Ordertransportdokument nicht angewandt werden, weil ein solches Dokument nicht zum Kreis der Orderpapiere des § 363 HGB gehört.[60]

Der Aussteller des kombinierten Transportdokuments an Order kann dem Indossatar nach § 404 BGB die aus seinem Verhältnis zum Absender der Güter resultierenden Einwendungen entgegenhalten. Dem gutgläubigen Erwerber wird nach § 405 BGB auch der Auslieferungsanspruch gewährt, wenn das CT-Dokument nur zum Schein ausgestellt ist – einen Fall, der indes nur sehr selten vorkommen dürfen. Darüber hinaus ist der Verzicht auf Einwendungen in der Form eines Vertrages zugunsten des jeweils Berechtigten zulässig.[61]

Nach UR 9, letzter Satz kann der CTO sich gegenüber dem Dritterwerber nicht darauf berufen, das Frachtgut nicht so, wie es im Dokument beschrieben worden ist, erhalten zu haben. Außerdem ist dabei anzunehmen, daß die Verbriefung des Auslieferungsanspruchs im Orderpapier es dem CTO verwehrt, sich auf abweichende Vereinbarungen mit dem früheren Beteiligten zu berufen.[62] Der erweiterte Gutglaubensschutz kann somit nach deutschem Recht weitgehend gewährleistet werden.[63]

Zwischenergebnis zu § 4

Statt wie bei den herkömmlichen Transportpapieren nach der Funktion des Dokumentes werden die modernen kombinierten Transportdokumente oft nach der

---

59 Weber, Warenpapiere, S. 184.

60 S.o. § 2 I. 1. c.

61 RGZ, 78, 149 (154).

62 RGZ 78, 149 (154). Das RG erklärt dies für den "zivilen" Orderlagerschein ausdrücklich für zulässig.

63 Helm, Festschrift Hefermehl, S. 72.

Funktion des Dokumentenausstellers eingeteilt. Insbesondere beim Akkreditivgeschäft werden im Prinzip nur die multimodalen Dokumente aufgenommen, die vom Frachtführer ausgestellt worden sind. Ein durch einen Spediteur ausgestelltes Transportdokument wird nur dann von einer Bank aufgenommen, wenn Spediteure in der Eigenschaft eines Frachtführers oder Multimodal Transport Operators oder als deren Agent unterzeichnen.

Für den kombinierten Transport gibt es, anders als für den herkömmlichen Transportverkehr, keine besonderen gesetzlichen Regelungen. Es bestehen verschiedene nationale Frachtrechte je nach Beförderungsmittel. Die Sonderregeln in internationalen Vorschriften über kombinierte Transporte sind unvollkommen. Durch einige nichtstaatliche, internationale Organisationen sind kombinierte Transportdokumente ausgestaltet bzw. geregelt worden.

Die rechtlichen Eigenschaften der kombinierten Transportdokumente unterscheiden sich nur wenig von denen der herkömmlichen. Insbesondere haben auch sie die Funktion der Empfangsbestätigung, die Sperrfunktion und die Funktion des erweiterten Gutglaubensschutzes. Außerdem sind eine durchgehende Haftung des Frachtführers im Rahmen des sog. Network-Systems sowie das Prinzip der Einheitshaftung zu gewähren. Schließlich können die kombinierten Transportdokumente ebenfalls Wertpapiereigenschaft besitzen, weil sie die wesentlichen Voraussetzungen für ein Wertpapier erfüllen.

§ 5 Einzelne neue Dokumente des kombinierten Transports

I. Durchfrachtvertrag und Durchkonnossement

1. Begriff und Grundformen des Durchfrachtvertrages

Für den Transport vom Absender- bis zum Bestimmungsort wird häufig der Einsatz entweder mehrerer gleichartiger oder mehrerer verschiedenartiger Transportmittel erforderlich. Somit verlangt das moderne Verkehrswesen in diesen Fällen nach einem einheitlichen Dokument, das über sämtliche Transportstrecken ausgestellt ist. Die Entwicklung im Transportgewerbe ist gekennzeichnet durch die Nachfrage nach sog. 'Paketlösungen'[1]. Nicht mehr wie in früheren Zeiten schließt der Absender mit jedem der beteiligten Transportunternehmer über Agenten bzw. Spediteure jeweils Sonderfrachtverträge über die einzelnen Streckenabschnitte (sog. gebrochener Verkehr) ab,[2] sondern statt dessen mit einem einzigen Transportunternehmer einen einheitlichen Vertrag, der als Durchfrachtvertrag bezeichnet wird.[3]

Bei den Durchfrachtverträgen werden die verschiedenen Teilstrecken für die Durchführung des Gesamttransports zusammengefaßt, und es wird über die Gesamtstrecke ein Durchkonnossement als einheitliches Verladedokument ausgestellt.[4] Das Konnossement wird heute nicht mehr vom Reeder, sondern vom Verfrachter ausgestellt. Deshalb ist die Zeichnung einer solchen Urkunde nicht mehr daran gebunden, daß der Verfrachter entweder selbst Reeder ist oder sich im Rahmen von Unterfrachtverträgen hierfür eines Reeders oder eines Kapitäns bedient.[5] Heute können Spediteure, soweit sie für eine Teilstrecke von ihrem Selbsteintrittsrecht Gebrauch machen[6], im Rahmen der von ihnen geschlossenen Durchfrachtverträge über die Gesamtstrecke ein einheitliches Konnossement ausstellen.[7] Jedoch sind Spediteurkonnossemente jeder Art im Akkreditivverkehr grundsätzlich nicht aufnahmefähig.[8]

Unter dem rechtlichen Gesichtspunkt der Ausstellerhaftung sind drei Grundformen von Durchfrachtverträgen zu unterscheiden:

1 Nielsen, Import- und Exportsicherung, S. 35.

2 Schaps/Abraham, SeeR, Anh. I § 656 Rn. 1.

3 Prüßmann/Rabe, Seehandelsrecht, Anh. § 656 Anm. A. 4.; Schaps/Abraham, SeeR, Anh. I § 656 Rn. 4 f.

4 Zu den sich hieraus für den Im- und Export ergebenden Vorteilen Heini, Durchkonnossement, S. 22 f.; Weibgen, Durchkonnossement, S.5 f.

5 RGZ 161, 209, zugleich zur Frage der Übertragung der Auslieferungsverpflichtung aus einem Spediteurkonnossement.

6 Prüßmann/Rabe, Seehandelsrecht, § 642 Anm. B. 4.

7 HOLG, VersR 1979, 814.

8 Art. 23 ff. ERA. S.u. § 5 II. FBL.

a) *Einfacher Durchfrachtvertrag*

Im einfachen Durchfrachtvertrag verpflichtet sich der Erstbeförderer, die Güter im Bestimmungshafen bzw. -ort der letzten Teilstrecke gegen Zahlung der Fracht für die Gesamtstrecke auszuliefern, und stellt hierfür ein einfaches Durchkonnossement aus. Daher ist er verpflichtet, für die weitere Teilstrecke mit dem Zweitbeförderer im eigenen Namen und für eigene Rechnung einen Frachtvertrag abzuschließen. Insoweit ist der Zweitbeförderer sein Erfüllungsgehilfe, für den er nach § 278 BGB haftet.[9]

b) *Unechter Durchfrachtvertrag*

Der Erstbeförderer schließt den unechten Durchfrachtvertrag nur für seine Teilstrecke ab. Jedoch verpflichtet er sich, für die Weiterbeförderung zum Bestimmungshafen bzw. -ort als Spediteur zu sorgen und die Umladung vorzunehmen. Das unechte Durchkonnossement, das in diesem Fall ausgestellt wird, bezieht sich nur auf die erste Teilstrecke.

c) *Gemeinschaftlicher Durchfrachtvertrag*

In einem solchen Vertrag verpflichten sich mehrere Beförderer gemeinschaftlich zur Durchführung des Gesamttransports. Jedoch wird die Haftung für jeden auf seinen Teilabschnitt beschränkt.[10] Meist wird der Vertrag durch einen gemeinsamen Agenten oder vom Erstbeförderer zugleich als Vertreter der übrigen abgeschlossen, wobei dieser auch das gemeinschaftliche Durchkonnossement ausstellt.

Der Abschluß gemeinschaftlicher Durchfrachtverträge ist unüblich, deshalb überwiegen in der Praxis Dokumente der einfachen Durchfracht sowie der unechten Durchfracht.

2. *Eignung des Konnossements für kombinierte Transporte*

a) *Durchkonnossemente*

Für den gleichartigen Durchfrachtverkehr ist die Verwendung von Konnossementen allgemein geläufig. Die Ausstellung solcher Durchkonnossemente ist insbesondere üblich, wenn zwischen Ablade- und Bestimmungshafen kein regelmäßiger Liniendienst besteht. Auch bei ungleichartiger Durchfracht ist es möglich, Konnossemente zu verwenden. Die Beförderer stellen seit langem Konnossemente für Transporte auch außerhalb der reinen Seestrecke aus. In der

---

9 Norf, Konnossement, S. 40 m.w.N.

10 Schaps/Abraham, SeeR, Anh. I § 656 Rn. 4 f.; Prüßmann/Rabe, Seehandelsrecht, Anh. § 656 Anm. A. 4.

Praxis finden sich somit Konnossemente, bei denen der Seestrecke eine Land-, Luft- oder Eisenbahnstrecke usw. vorangeht oder nachfolgt.

Im früheren Art. 19 ERA 1974 kam schon die Anerkennung der Aufnahmefähigkeit von Konnossementen bei ungleichartiger Durchfracht zum Ausdruck, wonach solche Durchkonnossemente aufnahmefähig waren, "die von Schifffahrtsgesellschaften oder deren Agenten ausgestellt sind, selbst wenn sie mehrere verschiedenartige Transportarten umfassen."[11] Die ERA 1983 gehen auch von der Aufnahmefähigkeit von Konnossementen aus, denn Art. 25 ERA definiert das Seekonnossement als "Überseekonnossement oder ein Konnossement, das Seetransport umfaßt."[12] Solche Durchkonnossemente sind selbstverständlich nur dann akkreditivgemäß, wenn sie einen An-Bord-Vermerk im Sinne von Art. 26 a (ii), ERA 1983 tragen.[13]

Im Recht der meisten Staaten, auch in der Bundesrepublik Deutschland, wird dieses Dokument nicht erwähnt. Der Begriff des "Durchkonnossements" wird in dem Sinne verstanden, daß von den dokumentierten Beförderungen mindestens eine mit einem Seeschiff stattfinden soll.[14]

In der neuen Fassung der ERA 1993 wird das Durchkonnossement nicht erwähnt, während ein akkreditivfähiges Seekonnossement nur knapp mit der Formulierung "für eine Hafen-zu-Hafen-Verladung" zusätzlich definiert wird (Art. 23 a ERA).

b) Variationen der Durchkonnossemente

aa) Echte Durchkonnossemente

Der Aussteller übernimmt bei Ausstellung eines Durchkonnossements die Verpflichtung zur Durchführung des gesamten Transports vom Absende- bis zum Bestimmungsort. Dies gilt auch dann, wenn er für einzelne Streckenabschnitte Unterfrachtführer einschaltet. Von der Haftung für den fremden Transportabschnitt kann sich der Erstverfrachter wegen der nach § 662 HGB zwingenden Haftung für den Gesamttransport nicht freizeichnen.[15] Er haftet außerhalb der Seestrecke als Frachtführer nach den jeweils geltenden zwingenden Vorschriften, die für das benutzte Verkehrsmittel (z.B. Flugzeug, Eisenbahn, LKW) gelten.[16]

Man spricht von einem echten Durchkonnossement, wenn die Urkunde die Erklärung des Ausstellers enthält, daß die Güter von ihm zur Durchführung der Beförderung übernommen wurden.

---

11 Art. 19 b (i) ERA (1974), wiedergegeben in Gleisberg, ERA, S. 151.

12 Art. 25 ERA (1983).

13 Art. 26 a (ii) ERA (1983).

14 Gleisberg, ERA, S. 57.

15 Prüßmann/Rabe, Seehandelsrecht, Anh. § 656 Anm. B. 1. a. und b.

16 Helm, in Großkomm. HGB §§ 412, 413 Anm. 15.

bb) Unechte Durchkonnossemente

Der Aussteller eines sog. unechten Durchkonnossements übernimmt eine eigene Transportverpflichtung nur für seine eigene Teilstrecke, während er für die Weiterbeförderung nur als Spediteur tätig wird. Nach § 408 HGB, der die Pflichten des Spediteurs regelt, haftet er insoweit nur für ein Versendungsverschulden, insbesondere also für die sorgfältige Auswahl des Zweitverfrachters.[17] Zu seinen Lasten gilt die zwingende Haftung nach § 662 HGB nur für die erste Teilstrecke. Für die folgenden Transportabschnitte kann er sich nach allgemeinen Grundsätzen freizeichnen. Er erfüllt seine Auslieferungspflicht durch Übergabe der Güter an den Zweitverfrachter im Umladehafen.[18]

Das vom Zweitverfrachter ausgestellte Konnossement hat dieser Zweitverfrachter dem legitimierten Inhaber des ersten Konnossements gegen dessen Übergabe zu übergeben. Häufig wird dieses Zweitkonnossement als Anschlußkonnossement bezeichnet und das Erstkonnossement als Durchkonnossement. Jedoch haben beide Dokumente, anders als beim einfachen Durchfrachtvertrag, eine voneinander in jeder Weise selbständige Bedeutung.[19]

In der Praxis werden die unechten Durchkonnossemente allerdings über die gesamte Reiseroute einschließlich der Teilstrecke des Zweitverfrachters ausgestellt. Daher findet im Umladehafen kein Konnossementsaustausch statt. Das Anschlußkonnossement verbleibt vielmehr beim Erstverfrachter. Im Endhafen wird die Ware gegen Vorlage des über die Gesamtstrecke ausgestellten Durchkonnossements ausgeliefert. Vor allem aus dieser Handhabung rechtfertigt sich die heute übliche und anerkannte Aufnahme von Durchkonnossementen unter Akkreditiven, denn die Banken haben einschränkende Klauseln in den Beförderungsbedingungen nur unter solcher Voraussetzung nicht zu prüfen, daß durch Angaben in der sog. Leitwegspalte des Dokuments (place of receipt, post of loading, place of delivery) die gesamte Reiseroute ohne Einschränkung gedeckt ist.

cc) Gemeinschaftliche Durchkonnossemente

Die dritte Art der Durchkonnossemente ist das gemeinschaftliche Durchkonnossement, das beim gemeinschaftlichen Durchfrachtvertrag[20] für die gesamte Transportstrecke ausgestellt wird. In ihm wird nur eine Übernahme durch den Erstverfrachter bescheinigt und nur ein Auslieferungsversprechen gegenüber dem Empfänger im Bestimmungshafen abgegeben.

Im Umladehafen trifft den Erstverfrachter die Verpflichtung, die Güter an den Zweitverfrachter zu übergeben. Alle Verfrachter treten gleichberechtigt

17 Schaps/Abraham, SeeR, Anh. I § 656 Rn. 5; Norf, Konnossement, S. 48 f.

18 Prüßmann/Rabe, Seehandelsrecht, Anh. § 656 Anm. B. 2. a.

19 Schaps/Abraham, SeeR, Anh. I § 656 Rn. 5.

20 S.o. § 5 I. 1. c.

dem Befrachter/Empfänger gegenüber und haben ihre Haftung auf den eigenen Transportabschnitt begrenzt.[21]

c) Übereignung der Ware bei Ausstellung von Durchkonnossementen

aa) Traditionswirkung bei gleichartiger Durchfracht

Bei gleichartiger Durchfracht ist die Traditionswirkung eines echten Durchkonnossements unbestritten. Wenn der Aussteller des Durchkonnossements (Erstverfrachter) die Ware im Umladehafen dem Unterfrachtführer zur Weiterbeförderung übergibt, verliert er zwar den unmittelbaren Besitz an der Ware, jedoch bleibt er über das ihm vom Unterfrachtführer übergebene Anschlußkonnossement mittelbarer Besitzer der Ware. Dabei übt er diesen Besitz für den Inhaber des von ihm selbst ausgestellten Durchkonnossements aus, weil er diesem gegenüber zur Weiterbeförderung der Ware bis zum Bestimmungsort verpflichtet ist und somit für diesen das Anschlußkonnossement über den zweiten Streckenabschnitt halten muß.[22]

Beim unechten Durchkonnossement soll nach der herrschenden Ansicht[23] die Traditionswirkung mit der Übergabe der Ware an den Zweitverfrachter entfallen. Jedoch trifft diese Auffassung nur für die von der herrschenden Lehre angenommene Handhabung zu, wonach der Erstverfrachter seine Auslieferungspflicht im Umladehafen erfüllt und es dort zu einem Austausch zwischen Durchkonnossement und Anschlußkonnossement kommt. Es gilt aber auch, wenn ein solcher Konnossementsaustausch unterbleibt und der Erstverfrachter das Anschlußkonnossement für den Ablader hält und somit die Ansprüche aus Durchkonnossement und Anschlußkonnossement synchronisiert sind.

bb) Traditionswirkung bei ungleichartiger Durchfracht

Bei ungleichartiger Durchfracht wird die Traditionswirkung von Durchkonnossementen nur insoweit anerkannt, als für jeden Abschnitt des Transports ein gesondertes Orderpapier ausgestellt werden kann.[24]

Die rechtliche Qualifikation von Konnossementen der ungleichartigen Durchfracht hängt von der Frage ab, inwieweit der "numerus clausus" des § 363 HGB[25] der Anerkennung von Transportpapieren entgegensteht, die in § 363 HGB nicht ausdrücklich genannt sind. Insoweit handelt es sich um eine Grundsatzfrage, die alle kombinierte Transportdokumente betrifft. Demnach wird die

21 Schaps/Abraham, SeeR, Anh. I § 656 Rn. 7.

22 Norf, Konnossement, S. 38, m.w.N.; Prüßmann/Rabe, Seehandelsrecht, Anh. § 656 Anm. B. 1. d.

23 Prüßmann/Rabe, Seehandelsrecht, Anh. § 656 Anm. B. 2. b. und c.; Schaps/Abraham, SeeR, Anh. I § 656 Rn. 5.

24 Norf, Konnossement, S. 98.

25 S.o. § 2 I. 1. c.

rechtliche Einstufung von Konnossementen der ungleichartigen Durchfracht wegen der gleichlautenden Problematik nachstehend[25a] bei der Erläuterung des Rechtscharakters von CT-Dokumenten behandelt.

II. FIATA Combined Transport Bill of Lading (FBL)

1. Begriff

Die FIATA, die internationale Berufsorganisation der Spediteure, hat 1970 und in revidierter Fassung 1978 den Entwurf eines Dokuments herausgegeben, das den Spediteuren zur Benutzung empfohlen wird, sofern sie sich als Beförderer im kombinierten Transport betätigen. Das Dokument wird als "FIATA Combined Transport Bill of Lading", abgekürzt "FBL" bezeichnet.[26] Zwar wird es von Mitgliedern des Spediteurverbandes ausgegeben, inhaltlich handelt es sich aber um ein Transportpapier, weil der Spediteur in der Eigenschaft eines Combined Transport Operators (CTO) tätig wird, also Frachtführerpflichten übernimmt.[27] Das FBL ist von der Internationalen Handelskammer anerkannt und im Akkreditivgeschäft aufnahmefähig.[28]

2. Rechtscharakter

Da das FBL der Entwurf einer privaten Organisation ist, kommt ihm nur die Eigenschaft Allgemeiner Geschäftsbedingungen zu, auf die jeweils Bezug genommen werden muß, um im Einzelfall Rechtswirkungen hervorzubringen. Dies ist durch die Benutzung des Formulars gewährleistet, auf dessen Rückseite die auf der Vorderseite in bezug genommenen[29] "Standard Conditions (1978) governing FIATA Combined Transport Bill of Lading" abgedruckt sind.

3. Anerkennung des FBL als Wertpapier im Wege der Analogie

Da der historische Gesetzgeber die Entwicklung des modernen Transportwesens nicht vorhersehen konnte, gibt es auf dem Gebiet des Durchfrachtverkehrs für eine einheitliche, dem Konnossement entsprechende Beförderungsurkunde nur eine unvollständige gesetzliche Regelung.[30]

25a S. u. § 5 III. 3.

26 Weber, Warenpapiere, S. 121.

27 Helm, in Großkomm. HGB § 425 Anm. 26, § 444 Anm. 8.

28 Art. 25 d. ERA (1983), in der neuen Fassung wird FBL von Art. 30 ERA erfaßt; Zahn/Eberding/Ehrlich, Zahlungssicherung, S. 189; s.o. § 3 I. 3. Begriff des Spediteurs (Möglichkeiten zur Dokumentenausstellung).

29 Text: "The goods and instructions are accepted and dealt with subject to the Standard Conditions printed overleaf". Franken, dingliche Sicherheiten und Dokumente, S. 166.

30 S.o. § 2 I. 1. d. Umstrittene Analogie.

Im Hinblick auf den numerus clausus bei den begebbaren Traditionspapieren vertritt die Hauptmeinung[31], daß auf privater Basis entstandene Transportdokumente, also auch das FBL, keine begebbaren Traditionspapiere seien.

Anderer Meinung[32] nach rechtfertigt die ‚Ähnlichkeit' eines FBL eine Analogie mit den in § 363 II HGB genannten Papieren. In der Verbriefung eines Herausgabeanspruchs liegt das gemeinsame Merkmal dieser Urkunden: In ihnen verpflichtet sich ein namentlich genannter Frachtführer ausweislich seiner Unterschrift und eines Empfangsstempels, bestimmte Güter, die er an einem angegebenen Datum empfangen hat, zum Bestimmungsort zu transportieren bzw. transportieren zu lassen, um sie einem bestimmten Empfänger auszuliefern.[33]

Eine derartige Analogie für ein FBL ist unbestritten, soweit es über Land-See-, Land-Binnenschiff- und Binnenschiffs-See-Transporte ausgestellt wird.[34] Für jeden Transportabschnitt ist hier ein gesondertes Orderpapier zulässig, und zwischen ihnen besteht im wesentlichen Strukturgleichheit, so daß auch ein einheitliches Papier für die Gesamtstrecke zulässig sein muß.[35]

Die Zulässigkeit einer Analogie ist umstritten, wenn für eine Teilstrecke nach geltendem Recht kein Orderpapier vorgesehen ist, wie bei See-Eisenbahn- und Land-Eisenbahntransporten oder bei den – seltener vorkommenden – Luft-, Land-, Lufttransporten.

Die Eisenbahnverkehrsverordnung (EVO) sieht die Verwendung eines Eisenbahnfrachtbriefes vor, der nur eine Beweisurkunde ist. Da die EVO eine abschließende Regelung enthält, ist die Ausstellung eines Ladescheins nicht zulässig.[36] Jedoch kann sich ein Hauptfrachtführer für die Eisenbahnstrecke gegen Ausstellung eines FBL verpflichten, weil er insofern nicht dem Frachtbriefzwang unterliegt.[37]

Auch das Luftrecht hat ein in sich abgeschlossenes Sonderrechtssystem, so daß die Vorschriften des HGB für Luftfrachtpapiere keine direkte Anwendung finden. Die Ausstellung einer dem Konnossement ähnlichen Urkunde sehen das Luftverkehrsgesetz (LVG) und das Warschauer Abkommen (WA 1971) nicht vor. Bei der Schaffung des HGB konnte der Gesetzgeber den damals unbekannten Luftverkehr und insgesamt die Entwicklung des modernen Transportwesens

---

31 Helm, in Großkomm. HGB § 425 Anm. 26 i.V.m. § 444 Anm. 10, § 450 Anm. 6; Herber, Hansa 1980, 950 f.; Zahn/Eberding/Ehrlich, Zahlungssicherung, S. 137; Weber, Warenpapiere, S. 48, 181/182, 186; A.A. Zöllner, WPR, § 25 II (S. 145).

32 Prüßmann/Rabe, Seehandelsrecht, Anh. § 656 Anm. C. 2. a.

33 Canaris, in Großkomm. HGB § 363 Anm. 65.

34 Canaris, in Großkomm. HGB § 363 Anm. 65; Schaps/Abraham, SeeR, Anh. I § 656 Rn. 9, sowie den instruktiven Fall HOLG VersR 79, 814.

35 Scheer, Haftung des Beförderers, S. 45.

36 Finger, EVO § 1 Rn. 1.

37 Scheer, Haftung des Beförderers, S. 35 f.; Norf, Konnossement, S. 91 f.; Canaris, in Großkomm. HGB § 363 Anm. 67.

auch gerade unter Einschluß einer Luftstrecke nicht berücksichtigen, so daß diese Regelungslücke im Wege der Analogie geschlossen werden kann.[38]

Ein FBL kann allerdings im kombinierten See-Luft-Transport nur dann ausgestellt werden, wenn das Transportgut in einem speziellen Luftcontainer ohne Umladung weiterbefördert wird. Eine derartige Umladung ist gegenwärtig noch die Regel, so daß die Bedeutung eines FBL, welches eine Beförderung auf einer Luftstrecke einschließt, noch nicht sehr erheblich ist.[39]

Für die Praxis sind die Meinungsverschiedenheiten über die Analogie eines FBL mit den gesetzlichen Orderpapieren weitgehend ohne Auswirkung, weil es durch rechtsgeschäftliche Ausgestaltung den Traditionspapieren zwar nicht formell, wohl aber materiell gleichgestellt werden kann.

III. Dokument des kombinierten Verkehrs (CT-Dokument) der Internationalen Handelskammer (ICC)

1. Begriff

Etwas später als die FIATA empfahl die Internationale Handelskammer (ICC) im November 1973 in ihrer Broschüre Nr. 273 die Verwendung von "Uniform Rules for a Combined Transportdocument" (UR), die im Oktober 1975 als Broschüre Nr. 298 in revidierter Fassung bekannt gemacht worden sind.[40] Auch hier handelt es sich um den Regelungsversuch einer Organisation, die zwar öffentlich-rechtlich organisiert ist, aber ihrerseits nur privatrechtliche Regeln aufstellen kann. Deswegen können die UR wie die 'Standard Conditions' der FIATA ebenfalls nur die Qualität von AGB haben.[41]

Während die FIATA den Spediteuren für das FBL ein vollständiges Formular mit Vorder- und Rückseite zur Benutzung empfohlen hat, hat sich die ICC darauf beschränkt, Richtlinien für ein Dokument des kombinierten Verkehrs (CT-Dokument) auszuarbeiten. Der sog. Combined Transport Operator (CTO) wurde als neue Figur geschaffen.[42] Er ist derjenige, der einen internationalen kombinierten Transport organisiert. Für die gesamte Strecke haftet er allerdings als Frachtführer. Er braucht keinen Teil des Transports mit eigenen Transportmitteln durchzuführen. Um als CTO qualifiziert zu werden, stellt er ein CT-Dokument aus, das nach Art. 3 des UR-Entwurfs gewissen Mindestanforderungen entsprechen muß.[43]

---

38 Scheer, Haftung des Beförderers, S. 50 f.

39 Prüßmann/Rabe, Seehandelsrecht, Anh. § 656 Anm. C. 2. a.

40 Broschüre der ICC Nr. 298 von Oktober 1975; Abdruck einer unverbindlichen Übersetzung bei Gleisberg, ERA, S. 161 f.

41 S.o. § 5 II. 2.

42 S.o. § 1 II. 2.

43 Schaps/Abraham, SeeR, Anh. I § 656 Rn. 14.

Die Gemeinsamkeit des CT-Dokuments mit echten Durchkonnossementen besteht darin, daß der CTO sich ebenfalls zur Beförderung des Frachtgutes vom Aufnahmeort (place of receipt) zum Bestimmungsort (place of delivery) verpflichtet. Somit ist der rechtliche Verpflichtungsumfang bezüglich der Beförderung des Frachtgutes identisch.

In der neuen Fassung ERA 1993 wird dem CT-Dokument unter der Überschrift "Multimodales Transportdokument" ein ganzer neugefaßter Artikel gewidmet (Art. 26 ERA). Ein solches Transportdokument ist nach dieser Regel ein Dokument, "das sich auf mindestens zwei verschiedene Beförderungsarten erstreckt (multimodaler Transport)" (Art. 26 a ERA). Es ist im Akkreditivgeschäft aufnahmefähig, wenn es seiner äußeren Aufmachung nach den Namen des Frachtführers oder Multimodal Transport Operators auszuweisen scheint (Art. 26 a ERA).

2. *Praktische Bedeutung*

Beim kombinierten Durchtransport schließt das CT-Dokument die bisher bestehenden Lücken für die Zeit der Zwischenlagerung und Umladung, in der der Absender noch über kein Dokument verfügte, das die Ware wirksam vertrat. Deswegen stellt diese Urkunde in ihrer Gesamtkonzeption eine bedeutende Grundlage für eine Finanzierung im kombinierten Verkehr dar. Der Absender erhält bei einer Annahme der Ware am Binnenversandort durch den CTO ein Dokument, das er der Akkreditivbank im Rahmen des Dokumenten-Akkreditivgeschäfts vorlegen kann (Art. 15 ff. ERA).[44] Damit wird das CT-Dokument in besonderem Maße dem auf Schnelligkeit und Rationalisierung angelegten internationalen Warenaustausch gerecht.

Heute macht das CT-Dokument 95% der im kombinierten Verkehr verwendeten Dokumente überflüssig.[45] Anderer Ansicht nach[46] kommt das CT-Dokument als weiteres Papier zu den bisherigen hinzu, und die Dokumentation des Absenders reduziert sich auf das CT-Dokumen. Die CT-Dokumente erfüllen also praktisch alle an ein handelbares Warenpapier zu stellenden Anforderungen, wenn man den betreffenden Bedingungen und dem Parteiwillen eine verkehrsfreundliche Auslegung gibt.[47]

3. *Anerkennung des CT-Dokuments als Traditionspapier im Wege der Analogie*

Auch der Rechtscharakter des CT-Dokuments ist umstritten. Insoweit sind die Meinungen über die Traditionswirkung von CT-Dokumenten unterschiedlich,

44 Zahn/Eberding/Ehrlich, Zahlungssicherung, S. 106 f.

45 Grönfors, Hansa 1971, 1270 (1271).

46 Massey 3 J. of Mar. L. & Comm. (1972) S. 725 (755); einen Überblick über Vereinfachungsbemühungen gibt Colinvaux, Europ. TranspR. 1973, 442 f.

47 Helm, in Großkomm. HGB § 444 Anm. 10.

als das CT-Dokument über Teilstrecken lautet, die jede für sich die Ausstellung eines Traditionspapiers zulassen. Insbesondere gilt es für eine Kombination von Land- und Seestrecken.

In der Literatur wird das CT-Dokument meist gemeinsam mit dem FBL erwähnt und behandelt. Die herrschende Ansicht[48], daß derartige auf privater Grundlage geschaffene Dokumente insbesondere wegen des gesetzlichen numerus clausus keine Order- und Traditionspapiere sein können, bezieht sich auch auf das CT-Dokument.

Ebenso wie beim FBL wird beim CT-Dokument die Beantwortung dieser Frage nur davon abhängen dürfen, ob das CT-Dokument den oben[49] dargelegten Voraussetzungen des begebbaren Transportpapiers genügt.

Jedoch haben Konnossemente, Ladeschein sowie CT-Dokument die folgenden Gemeinsamkeiten: Zunächst besteht für die Aufmachung der Dokumente kein Formzwang. Insbesondere ist es gleichgültig, wie die Dokumente bezeichnet werden. Es kommt nur darauf an, ob sich aus ihrem Gesamtinhalt die Bestätigung der Übernahme des Frachtgutes in Verbindung mit der Verpflichtung zur Beförderung vom Übernahmeort bis zum Bestimmungsort ergibt.

Zweitens braucht der Dokumentaussteller weder Eigentümer noch Betreiber eines Beförderungsmittels zu sein. Erforderlich ist nur die Angabe des Transportmittels beim An-Bord-Konnossement über eine Seereise.

Letztlich sind die nur in den Dokumenten selbst enthaltenen Bedingungen und Regelungen für das Rechtsverhältnis zwischen Aussteller der Urkunde und Empfänger des Gutes bzw. einem Erwerber der Urkunde maßgebend, während sich das Rechtsverhältnis zwischen den ursprünglich Beteiligten (Versender, Absender und Transportperson) nach dem zugrundeliegenden Frachtvertrag richtet.

Die Übereinstimmung von Ladeschein, Seekonnossement und CT-Dokument spricht ebenfalls für ihre rechtliche Gleichbehandlung bezüglich der Anerkennung der Traditionswirkung. Es ist nur problematisch, wenn bei kombinierten Transporten auf einer Teilstrecke die Beförderung mit der Eisenbahn oder dem Flugzeug erfolgt.

Überwiegend wird im Bereich des Eisenbahnfrachtrechts die Auffassung vertreten, daß die der EVO unterworfene Eisenbahn als Transportunternehmen keinen Ladeschein im Sinne der §§ 425 f. HGB ausstellen dürfe.[50] Einige Autoren[51] vertreten allerdings die Ansicht, daß ein CTO nicht gehindert sei, einen Ladeschein im Sinne der §§ 425 f. HGB auszustellen, wenn er sich der Eisenbahn nur als Unterfrachtführer bediene.

48 S.o. § 2 I. 1. d. (Umstrittene Analogie) und § 5 II. 3. (Die Problematik der Analogie über FBL).

49 S.o. § 2 II. 1. f. bb. (Voraussetzungen der Traditionswirkung).

50 Franken, dingliche Sicherheiten und Dokumente, S. 99 f., unter Bezugnahme auf Heerwagen, direkte Beförderungen, S. 61 ff.

51 Franken, dingliche Sicherheiten und Dokumente, S. 103 mit Hinweis auf BGH VRS 13, 105 f., 108 und HOLG MDR 1955, 554, 555; VersR 1979, 812f.; VersR 1980, 277.

Auch ist es umstritten, ob über Flugstrecken ein Traditionspapier im Sinne eines Ladescheins der §§ 425 f. HGB ausgestellt werden kann.[52]

Für die Praxis hat die Streitfrage nur geringe Bedeutung, denn im Flugverkehr besteht wegen der Kürze des Transportweges regelmäßig kein Bedürfnis, den Herausgabeanspruch gegen den Luftfrachtführer durch Ausstellung eines Umlaufpapiers mit Vorlegungscharakter zu mobilisieren.[53] Ein Frachtpapier, das im Luftfrachtverkehr mit Vorlegungszwang ausgestellt worden ist, könnte sogar für die Abwicklung hinderlich sein, weil die per Flugzeug versandte Ware in der Regel früher als das Frachtpapier am Bestimmungsort eintreffen wird.

Da Traditionspapiere unstreitig über jede einzelne Teilstrecke ausgestellt werden können,[54] ist also kein Grund ersichtlich, warum einem CT-Dokument die Traditionswirkung versagt werden sollte, wenn man von der umstrittenen Frage absieht, ob über Eisenbahn- bzw. Luftstrecken überhaupt Frachtpapiere im Sinne eines Ladescheins ausgestellt werden können. Es wäre etwas anderes, wenn nach dem Willen des Gesetzgebers für ein begebbares Traditionspapier Konnossement und Ladeschein nur als jeweils besondere Erscheinungsform zulässig wären, und eine Kombination von beiden jedoch ausgeschlossen sein sollte. Es gibt aber keinen Anhaltspunkt für diese Annahme, weil kein gesetzlicher Formzwang für die äußere Aufmachung der vorgenannten Dokumente besteht. In der Praxis sind Konnossement/Ladeschein und CT-Dokument allein von der äußeren Aufmachung her nicht zu unterscheiden.

Zwischenergebnis zu § 5

Die wichtigsten modernen kombinierten Transportdokumente sind die FIATA Combined Transport Bill of Lading (FBL) und das CT-Dokument der ICC. Während die Durchkonnossemente weder auf internationalen Übereinkommen noch nationalen Rechtsvorschriften beruhen, sind die FBL und das CT-Dokument von internationalen Organisationen geschaffen und ausgestaltet worden; sie haben im nationalen Recht den Charakter von AGB.

Derartige, auf privater Grundlage geschaffene Transportdokumente gehören zwar wegen des numerus clausus nach deutschem Recht nicht zu dem Kreis der herkömmlichen Transportpapiere. Die Gemeinsamkeiten solcher Dokumente sprechen jedoch für ihre rechtliche Gleichbehandlung, insbesondere für die Anerkennung der Traditionswirkung. In der Praxis werden durch das CT-Dokument aufgrund seiner Vorteile wie z.B. Schnelligkeit und Rationalisierung 95% der im kombinierten Verkehr verwendeten Dokumente überflüssig.

52 Es wird von Franken bejaht (Franken, dingliche Sicherheiten und Dokumente, S. 114), von anderen Autoren verneint (z.B. Norf, Konnossement, S. 97f.).

53 Canaris, in Großkomm. HGB § 363 Anm. 67.

54 Bei einer Kombination von See- und Landstrecken ist das beispielsweise der Fall.

Es ist jedoch sinnvoll, die bereits weltweit anerkannten und in der Praxis verwendeten kombinierten Transportdokumente in die nationale Gesetzgebung zu übernehmen, um rechtliche Unklarheiten im Zusammenhang mit diesen Dokumenten zu beseitigen.

Zweiter Teil: Entmaterialisierung der Transportdokumentation

§ 6 Abkehr von der herkömmlichen Transportdokumentation

I. Motive für die Verwendung der EDV im Transportverkehr

1. Rationalisierung

Im Export- und Import-Handel herrscht ein „Papierkrieg" von gewaltigen Ausmaßen. Manche Sendungen im Überseehandel einschließlich aller Kopien sollen von bis zu 2000 Blatt Papier begleitet sein. Im wesentlichen enthalten die meisten Dokumente denselben Inhalt, vor allem die Daten über Verkäufer, Käufer, Ware, meist auch Preis sowie Bestimmungsland usw. In der Handelsrechnung sind schon zwischen 60 und 80% der für die Ausfüllung späterer Dokumente benötigten Informationen enthalten.[1] Darin liegt eine Verschwendung von Zeit, Ressourcen, zugleich aber ein Ansatzpunkt für beträchtliche Einsparungen.

Seit Jahren arbeiten die internationalen und nationalen Organisationen an der Gesamtheit der Außenhandelsdokumente. Dabei bezieht sich diese Arbeit sowohl auf die Vereinheitlichung der verschiedenen Transportpapiere[2] als auch auf ihre Ersetzung durch elektronische, beleglose Datenübermittlung.[3]

2. Vermeidung von Güterstaus

Der Beförderer verspricht bei der Ausstellung des begebbaren Dokuments, z.B. des Konnossements, die Transportgüter nur gegen Vorlage des Konnossements herauszugeben. Er muß daher warten, bis der berechtigte Empfänger ihm das Papier vorlegen kann. Notfalls muß er sogar die Güter zwischenzeitlich einlagern.

Wenn die Güter vor dem Konnossement den Zielort erreichen, fallen entweder Lagerkosten an, oder der Beförderer liefert die Güter vertragswidrig ohne Vorlegung des Papiers aus. Für den letzten Fall sind Bankgarantien für Empfängerreverse oft mit hohen Kosten verbunden.[4] Daher haben sich die schnelleren Verkehrsträger auf Schiene, Straße und in der Luft von Anfang an gegen die Ausstellung begebbarer Warenpapiere zur Wehr gesetzt.[5] In der schnellen Linienschiffahrt auf dem Nordatlantik weicht das Konnossement zunehmend ande-

---

1 Henriksen, Paperless Trade and Transport, S. 13.

2 S.o. § 4 II. 1. c.

3 Ausführlich s.u. § 7 III. 3.

4 Ventris, Bill of Lading, S. 479 f.

5 Goldschmidt, Handelsrecht, S. 760 N. 81 zum Widerstand der Eisenbahngesellschaften gegen die Zulassung des Ladescheins für den gesamten Binnentransport. Ähnlich ist die Haltung der Fluggesellschaften, Sundberg, Air Law 6. 1981, 230, 232 f.

ren Formen der Dokumentation. Je schneller die Transportdaten weitergeleitet werden, desto schneller kann man die Waren ohne Verzögerung befördern.[6]

3. Betrugsprävention

Da das Konnossement sich zum Vehikel krimineller Aktivitäten eignet, gerät es zunehmend in Verruf. Die Formen des sogenannten "Maritime Fraud" sind vielfältig.[7] Daher berieten die internationalen Organisationen in den letzten Jahren über die Bekämpfung des "Maritime Fraud".[8] Um auf die gefährliche Rolle des Konnossements hinzuweisen, kam die UN-Konferenz für Handel und Entwikkung (UNCTAD) zu dem Schluß, daß "although various documents can be used in connection with the commission of Maritime Fraud, the most important is the bill of lading ...".[9]

II. Interessen der beteiligten Parteien an den jeweiligen Transaktionen

Beim Handel wird die benötigte Information meistens direkt zwischen Verkäufer und Käufer ausgetauscht. In manchen Bereichen sind auch Zwischenparteien eingeschaltet, z.B. Banken, Frachtführer, Transportversicherer, Behörden, usw. Um die direkte Kommunikation zwischen Verkäufer und Käufer und komplizierte Kommunikation unter den mehreren Parteien zu vereinfachen und zu verbessern, ist die Elektronische Datenverarbeitung (EDV) eingeführt worden.[10]

Als die einfachste Kapazität kann EDV zur Verbesserung der Exaktheit und Übertragungsgeschwindigkeit der existierenden Dokumente im Handelsnetz verwendet werden. Die Parteien, die sich für Handelstransaktionen interessieren, können diese Gelegenheit benutzen, indem sie sich die übertragenen Informationen anschauen und ihren Wert für die Zwecke des Kaufs oder Verkaufs und/oder der Warenlieferung einschätzen. Es ist sicher besser, Unklarheit und andere Probleme so weit wie möglich bereits bei der Informationsquelle lösen zu können.

1. Verkäufer und Käufer

Bei Handelstransaktionen – bestehend aus den vier Hauptphasen: Abgabe und Annahme des Angebots, Planung der Lieferung, Versendung der Güter und Bezahlung des Kaufpreises – haben Verkäufer und Käufer oft unterschiedliche Ziele. Beide möchten ihre jeweiligen Kosten möglichst gering halten.

6 Grönfors, Sea Waybills, S. 63.
7 Ausführlich Basedow, dokumentelose Wertbewegungen, S. 85 f.
8 Überblick über die Aktivitäten verschiedener Institutionen bei Ellen/Campbell, Maritime Fraud, S. 69 f.
9 Siehe Report by the Piracy, UN-Document TD/B/C 4/AC vom 21.9.1983, S. 4 Nr. 13.
10 Millard, in Ian Walden, EDI, S. 43 f.; s.o. § 6 I.

Der Käufer ist im allgemeinen nur zur Zahlung bereit, wenn er vorher oder zugleich die Verfügungsmacht über die Waren erhält. Darüber hinaus ist der Verkauf der sich noch auf dem Transportweg befindenden Waren an den Dritten in den meisten Fällen nur dann möglich, wenn der Käufer sich im Besitz eines begebbaren Dokuments befindet. Nur gegen Vorlage eines aufnahmefähigen Dokuments nach Art. 23 ff. ERA kann der Käufer im Rahmen einer Akkreditivbestellung einfacher und leichter eine Bankfinanzierung für das betreffende Geschäft erwirken.

Solange die Zahlung für die Waren noch nicht erfolgt ist, möchte der Verkäufer gerne die Kontrolle über seine Waren behalten. Das Interesse des Verkäufers kann garantiert werden, wenn die Zahlungsbedingungen in Verbindung mit einem Transportpapier, z.B. Konnossement, vereinbart werden. Beispielsweise wird der Verkäufer im Akkreditivgeschäft bei Einreichung der Dokumente sofort von der Bank bezahlt. Der Verkäufer als Begünstigter des Akkreditivs ist sodann vom Risiko befreit, liefern zu müssen, ohne im Gegenzug den Kaufpreis zu erhalten. Außerdem braucht er die Transportdauer nicht zu finanzieren.

2. *Banken*

Banken sind meist in die Zahlungsabwicklungen beim internationalen Handel eingeschaltet und haben somit wesentliche Interessen an den Zahlungsformen. Im Auftrag des Verkäufers legen die Banken dem Käufer die Transportdokumente vor und fordern ihn zur Zahlung auf – das sogenannte Dokumenteninkasso ist eine der wichtigsten Formen der Zahlungsabwicklung im Exportgeschäft.[11] Im Auftrag des Käufers geben die Banken dem Verkäufer gegenüber das Versprechen ab, gegen Vorlage der Transportdokumente den Kaufpreis auszuzahlen – das sogenannte Dokumentenakkreditiv[12] ist das wichtigste Instrument zur Zahlungsabwicklung und Zahlungssicherung im internationalen Handel.[13]

Den Vertragsbeziehungen zwischen den Banken und ihren Auftraggebern bzw. den Käufern werden fast weltweit die Bedingungen in den "Einheitlichen Richtlinien und Gebräuchen für Dokumenten-Akkreditive" (ERA)[14] zugrunde gelegt. Nach Art. 4 der ERA befassen sich "im Akkreditiv-Geschäft ... alle Beteiligten mit Dokumenten und nicht mit Waren". Insbesondere ist das Zahlungsversprechen der Bank dadurch bedingt, daß ihr vom Verkäufer gewisse Dokumente vorgelegt werden, aus denen sie die Erfüllung der kaufvertraglichen Pflichten des Verkäufers entnehmen kann. Da sie selbst und die von ihr eingeschalteten weiteren Banken den Inhalt der kaufvertraglichen Beziehungen nicht kennen, bleibt ihnen nichts weiter übrig, als die vom Verkäufer vorgelegten

11 Heymann-Horn, HGB Anh. § 372 IV Rn. 1.
12 Siehe Begriff in Art. 2 ERA.
13 Heymann-Horn, HGB Anh. § 372 IV Rn. 20.
14 S.o. § 1 II. 6.

Dokumente am Maßstab dessen zu prüfen, was im Akkreditivauftrag vereinbart wurde. Die Kontrolle der Andienungsfähigkeit von Dokumenten ist demnach ein stark formalisierter Vorgang.

Wenn es im Zusammenhang mit Dokumenteninkasso oder Dokumenten-Akkreditiv oder anderen Finanzierungsformen für die jeweiligen geschäftlichen Transaktionen auf der Seite des Käufers oder Verkäufers oder einer anderen Vertragspartei zu Verlusten oder Störungen kommt, sind die Banken daran interessiert, ein Recht an den Waren über das eingereichte Transportdokument zu erwirken. Solange die Bank im Besitz des betreffenden Dokuments ist und der Käufer oder der Verkäufer oder irgendeine andere Partei seine bzw. ihren Verpflichtungen gegenüber der Bank im Rahmen der betreffenden Transaktionen nicht in vollem Umfang erfüllt hat, hat die Bank daran ein Zurückbehaltungsrecht nach § 369 HGB, § 273 BGB und ein Pfandrecht nach Nr. 19 AGB-Banken.[15] Demnach dienen die Dokumente der Bank als Sicherheit für ihre Ansprüche.[16]

3. *Transportversicherung*

Im Schadens- oder Verlustfall könnte die Übertragung eines Transportdokuments an den Transportversicherer die Übertragung jener Rechtsansprüche erleichtern, die dem Transportversicherer gegebenenfalls gegen Frachtführer oder Schiffseigner dann zustehen, wenn Rückgriffsrechte gegenüber diesen geltend gemacht werden. Ein Traditionspapier ist ein erstklassiges Nachweispapier im Hinblick auf die Ermittlung des Zeitraums, innerhalb dessen sich die Waren effektiv und ordnungsgemäß an Bord befanden. Allerdings wird ein solcher Nachweis auch durch gewisse andere Frachtdokumente erbracht.[17]

Ein elektronisches Transportdokument kann die Waren zwar nicht begleiten und somit den ordentlichen Transport nicht direkt beweisen, aber es ist, vorgelegt in Form eines Computerausdrucks, für alle Parteien jederzeit erreichbar. Dies erleichtert und beschleunigt das Rückgriffsverfahren, vorausgesetzt, daß alle Parteien kompatible Computer besitzen und mit gleichen Systemen arbeiten.

Da Beschreibungen einer Gütersendung sich derzeit danach unterscheiden, ob sie in einem Transportpapier oder einem Versicherungsdokument enthalten sind, waren die Banken bei der Aufnahme verschiedener Papiere als Akkreditiv-Dokumente oft unsicher und haben sie gegebenenfalls sogar abgelehnt. Die Datenelemente in den verschiedenen Arten der Dokumentationen sind bei der Computerverarbeitung jedoch gleich, und zwar wurden sie nur einmal vom Organisator eingegeben. Dadurch ist gewährleistet, daß der Inhalt bei allen Aus-

15 Zahn/Eberding/Ehrlich, Zahlungssicherung, 2/384.

16 Heymann-Horn, HGB Anh. § 372 IV Rn. 29.

17 Nilson, in: Thomson/Wheble, EDI, S. 118 ff.

drucken identisch ist. [18]Allerdings sind die Transportversicherer wegen der Unsicherheit des Computerausdrucks noch sehr zurückhaltend.[19]

4. Frachtführer

Das Warenpapier dokumentiert u.a. die Rechte und Ansprüche des Frachtführers für unbezahlte Frachtkosten und andere im Zusammenhang mit dem Transport der Waren anfallenden Kosten. Darüber hinaus bescheinigt das Dokument die ordnungsmäßige Auslieferung der Waren.

Anders als die meisten Waren- und Wertpapiermärkte unterliegen viele Transportmärkte einer minuziösen staatlichen Regulierung, die in der Bundesrepublik Deutschland auf verschiedenen Verkehrszweigen[20] auch die Transportpreise einschließt. Dort bietet es sich an, die Tarifobservanz der Unternehmen durch eine Kontrolle der Frachtbriefe zu überwachen.

Nach § 28 des Güterkraftverkehrsgesetzes haben dann Unternehmer und Absender auch dafür zu sorgen, daß über jede Sendung die vorgeschriebenen Beförderungs- und Begleitpapiere ausgefertigt werden. Diese Dokumente sind auf Verlangen der Tarifaufsichtsbehörde, nämlich der Bundesanstalt für den Güterfernverkehr, auszuhändigen (§ 28 II GüKG). In der Praxis enthalten die gebräuchlichen Frachtbriefformulare demnach noch eine zusätzliche Kopie, die für die öffentlich-rechtliche Tarifüberwachung bestimmt ist.[21]

Da der Verzicht auf Frachtbriefe im Straßengüterfernverkehr einen Verstoß gegen öffentlich-rechtliche Pflichten bedeutet, ist die Verwendung eines elektronischen Dokuments ohne entsprechende Änderung des § 28 GüKG nicht möglich.

III. Versuche, die Transportpapiere zu verdrängen

1. Modelle in Experimenten

Die erwähnten Motive und die Interessen der beteiligten Parteien an jeweiligen Transaktionen haben die Transportpraxis in den letzten zwei Jahrzehnten zu verschiedenen Erprobungen mit neuen Dokumentationsformen veranlaßt. Aus ihrer Gesamtheit ergibt sich demnach eine Entwicklung, die sich immer weiter von den Dokumentationsgebräuchen entfernt, obwohl sie von einem völligen Verzicht auf das Papier als Informationsträger noch sehr weit entfernt ist.

Diese Richtung wird von verschiedenen Schritten indiziert: Short form-Konnossement; am Bestimmungsort ausgestellte destination bills of lading; die

---

18 Nilson, in: Thomsen/Wheble, EDI, S. 123 f.

19 Nilson, in: Thomson/Wheble, EDI, S. 119 f.

20 Z.B. der Straßengüterfernverkehr, der Luftbinnenverkehr, der Eisenbahn- und innerdeutsche Binnenschiffsverkehr.

21 Helm, in Großkomm. HGB § 426 Anm. 15 und § 452 Anh. III (Art. 5 CMR) Anm. 1.

Registrierung und Hinterlegung der Konnossemente in einer besonderen Verwahrbank; schließlich die wichtige und völlige Verdrängung des Konnossements durch den nicht begebbaren Seefrachtbrief (sea waybill)[22]. Alle diese Formen sollen allerdings der Ausstellung eines Konnossements dort nicht im Wege stehen, wo ein begebbares Warenpapier benötigt wird.

a) *Short form-Konnossemente*

Am Anfang der Entmaterialisierungsversuche stand zunächst der Wunsch nach bloßer Normung der verschiedenen Dokumente.[23] Die Wirtschaftskommission der Vereinten Nationen für Europa (ECE) hat schon zu Anfang der sechziger Jahre die Empfehlungen für eine einheitliche Ausgestaltung von Handels- und Transportdokumenten verabschiedet und ihre geringfügig überarbeitete Version 1981 als "United Nations Layout Key for Trade Documents" veröffentlicht.[24]

Dieses Muster hat inzwischen zahlreichen Transportdokumenten bei ihrer Neugestaltung als Vorbild gedient, z.B. dem Internationalen Eisenbahnfrachtbrief[25], dem von der International Air Traffic Association (IATA) empfohlenen Luftfrachtbrief[26] und auch der inzwischen im Seehandel weit verbreiteten "short form" oder "blank back bill of lading".[27]

Bei einem Short-form Konnossement sind zahlreiche technische Fragen geregelt wie z.B. die Papierformate, der Verzicht auf die Beschriftung der Rückseiten, die Aufteilung der Vorderseite in Kästen von bestimmter Größe usw. Da die Rückseite unbedruckt bleiben soll und nur eine globale Verweisungsklausel auf der Vorderseite angebracht werden soll, hat das Dokument keinen Platz mehr für die dort früher untergebrachten Allgemeinen Geschäftsbedingungen des Beförderers. So gestattet ein Short form-Konnossement einerseits die Ausnutzung der EDV, andererseits ergibt sich daraus ein Rechtsproblem, weil durch solche Pauschalverweisungen nach deutschem Recht AGB nicht wirksam einbezogen werden können.[28]

---

22 S.u. § 6 IV.

23 Basedow, dokumentelose Wertbewegungen, S. 87 f.

24 United Nations Layout Key for Trade Documents, Dokument Nr. ECE/ Trade/137, United Nations Publication – Sales No. E. 81 II E. 19 mit einer eingehenden Beschreibung und Begründung.

25 "Neuer CMI-Frachtbrief" in Hamburger Wirtschaft 1980 VI 59.

26 "New Universal Air Waybill: A Fully Compatible International Trade Document and Key to Automation": IATA Review 1982, Oct. – Dec., S. 20, 22.

27 Colinvaux, Bill of Lading, S. 442 ff.

28 Williams, Waybills, S. 297 ff.; die vom General Council of British Shipping empfohlene Verweisungsklausel ist abgedruckt bei Tetley, Waybills, S. 465, 469.

b) Destination bills of lading

Das als Quittung des Kapitäns für die Anbordnahme der Güter entstandene Konnossement ist ursprünglich immer im Verschiffungshafen ausgestellt worden. Jedoch war es im 19. Jahrhundert aufgrund des Massenverkehrs der Linienschiffahrt schon nicht mehr ungewöhnlich, daß Abladehafen und Ausstellungsort des Konnossements auseinanderfielen. Dies wurde deutlich von § 643 Nr. 6 und 10 HGB oder Art. 15 I f und i HambR zum Ausdruck gebracht, die die Angaben über beide Orte verlangen.[29]

Wenn jedoch der Dokumententransport zu langwierig ist, stellt sich die Frage, ob man nicht für die Übermittlung der Verschiffungsdaten die schnelle Telekommunikation nutzen und das Warenpapier erst am Bestimmungsort ausstellen kann. In manchen Ländern ist ein solches destination bill of lading wie ein klassisches Konnossement durch die seerechtlichen Vorschriften schon ermöglicht worden, vgl. z.B. die ausdrückliche Anerkennung in § 7-305 des amerikanischen Uniform Commercial Code.[30] Nach allgemeiner Meinung soll die Vorschrift gestatten, daß auch Land- und Luftbeförderer begebbare Warenpapiere ausstellen, ohne kostspielige Güterstaus am Bestimmungsort befürchten zu müssen.[31]

Allerdings ist der gesamte Anwendungsbereich der destination bills of lading doch sehr eingeschränkt. Der Käufer/Empfänger kann zwar die Warenam Bestimmungsort im Wege des Platzkaufs handeln, aber die körperliche Versendung der Papiere ist unumgänglich, wenn er Geschäfte mit Kunden an dritten Orten abschließen möchte. Darüber hinaus bedarf es an sich überhaupt keines begebbaren Transportpapiers, wenn der Käufer das Warendokument nicht zum Weiterverkauf, sondern nur seine Sperrfunktion[32] zugunsten einer kreditgewährenden Bank benötigt. Dazu genügt schon ein mit bestimmten Sicherungen versehener Seefrachtbrief.[33]

---

29 Basedow, dokumentelose Wertbewegungen, S. 89.

30 Die Vorschrift lautet: "§7-305. Destination Bills. –

(1) Instead of issueing a bill of lading to the consignor at the place of shipment a carrier may at the request of the consignor procure the bill to be issued at destination or at any other place designated in the request.

(2) Upon request of anyone entitled as against the carrier to control the goods while in transit and on surrender of any outstanding bill of lading or other receipt covering such goods the issuer may procure a substitute bill to be issued at any place designated in the request".

31 Sneed, Airborne International Trade, S. 1396 f., auf den der Gedanke der destination bill of lading offenbar zurückgeht; ferner Farnsworth, Uniform Commercial Code, S. 414, 430 f. sowie eingehend Davies/Jackson/Nordstrom, Bills of Lading, S. 53.

32 S.o. § 4 II. 2. C.

33 S.u. § 6 IV.

c) *Registrierung und Hinterlegung der Konnossemente*

Die International Association of Independent Tanker Owners (INTERTANKO) und die Chase Manhattan Bank haben ein Experiment mit Registrierung und Hinterlegung der Konnossemente begonnen. Eine SeaDocs Registory Ltd. wurde inzwischen zu diesem Zweck in London von der Chase Manhattan Corp. gegründet. Nach ersten Berichten verlief das Experiment erfolgreich.[34] Wegen zu hoher Versicherungskosten und mangels Interesse einer hinreichend großen Zahl von Unternehmen sowie aufgrund fehlender Datensicherheit ist das INTERTANKO-Projekt abgesetzt worden.[35]

Nach diesem Modell werden die Konnossemente unmittelbar nach ihrer Ausstellung bei einem zentralen Register hinterlegt. Soweit danach neue Transaktionen abgeschlossen werden, welche die Rechtsverhältnisse an den Gütern in Transport bzw. an Warendokumenten berühren, werden die Einzelheiten dem Register gemeldet. Im Bestimmungshafen läßt sich dann durch Anfrage beim Register klären, wer das Recht auf Auslieferung der Waren innehat.

Als nützlich erweist sich das Registrierungsmodell aufgrund seiner drei Funktionen: Erstens kann die Registrierungsgesellschaft als Depotbank die Konnossemente für die jeweils Berechtigten verwahren. Zweitens hat die Verwahrbank für eine sichere Kommunikation nur über die im Konnossement vermerkten Transaktionen zwischen den Beteiligten zu sorgen. Schließlich kann die Verwahrbank die bei den Beteiligten anfallenden Kosten senken, indem sie beispielsweise dem Beförderer im Bestimmungshafen eine sichere Auskunft über den berechtigten Empfänger mitteilt und der Letzte einer Lieferkette die Ladung an den Betreffenden ausliefert, ohne sich einen Empfängerrevers und eine kostspielige Bankgarantie vorlegen lassen zu müssen.[36] Bei der Wahrnehmung solcher Funktionen dient das Registrierungsmodell den Zwecken der Betrugsprävention und der Realisierung von Gewinnen durch Rationalisierung.

Als besonders vorteilhaft am Registrierungsmodell erweist sich auch die Systemimmanenz. Die Registrierung und Hinterlegung der Konnossemente erfordert keine Veränderungen der Rechtsgrundlagen im internationalen Handels- und Transportrecht, weil die an diesem Projekt Beteiligten die betreffenden Rechtsgrundlagen, z.B. die Haager Regeln (HR) oder die ERA, nicht ohne weiteres anwenden können.[37]

Aus der Entwicklung des Experiments ergeben sich jedoch Bedenken. Ein begebbares Konnossement wird gemäß dem Registrierungsmodell sofort nach seiner Ausstellung in den Tresor einer Londoner Bank gelegt und dann durch

34 Siehe näheres Maritime Fraud and Piracy, S. 24-28 Nr. 87-97; zu einem späteren Stadium des Projekts siehe Status of work, S. 2-5 Nr. 4-20; ausführlich Verbraeck, Sea Docs, 24.5.1984 Nr. 38415 S. 1 und 3; 25./26.5.1984 Nr. 38416 S. 3; 27./28.5.1984 Nr. 38417 S. 2; ferner auch Gram, Tanker Bill of Lading, S. 14.

35 Näheres dazu Merges/Reynolds, Ocean Bills of Lading.

36 Status of work, S. 4 Nr. 16.

37 Basedow, dokumentelose Wertbewegungen, S. 90 f.

Mitteilungen und Buchungsvorgänge ersetzt. Die körperliche Verwahrung der Konnossemente bleibt demnach nur ein Durchgangsstadium in der Entwicklung dieses Modells. Am Ende des Experiments sollte auf die Konnossemente in Papierform durch die elektronische Übermittlung bzw. elektronisches Konnossement[38] verzichtet werden.[39]

d) Cargo Key Receipt

Seit den achtziger Jahren wird das Cargo Key Receipt als Seefrachtbrief[40] von der Atlantic Container Line im Verkehr zwischen Schweden und den U.S.A. erprobt. Es geht auf ein Forschungsprojekt zurück, das Professor Kurt Grönfors mit Unterstützung des Schwedischen Rates für Handelsverfahren[41] und in Zusammenarbeit mit Vertretern der Bank- und Verkehrswirtschaft durchführte.[42] Das Cargo Key Receipt System wird für den Fall empfohlen, daß die sich auf dem Transportweg befindenden Waren für Finanzierungszwecke, z.B. Dokumentenakkreditiv, als Sicherheit benutzt und begebbare Warenpapiere nicht benötigt werden. Hierzu muß jedoch berücksichtigt werden, daß das Cargo Key Receipt keine Eigentumsurkunde ist und die Waren am Bestimmungsort an den im Dokument genannten Empfänger oder dessen Bevollmächtigte ausgeliefert werden. Dabei braucht sich der Empfänger nur als Berechtigter identifizieren zu können.

Die Rechtsunsicherheit, die bei Verwendung von Seefrachtbriefen[43] hinsichtlich des Verfügungsrechts während des Transports besteht, wird durch eine sogenannte NODISP (no disposition) Erklärung (in Form eines Stichwortes) überwunden. Der Absender erklärt den Verzicht auf sein vertragliches Weisungsrecht, wenn er das Stichwort NODISP auf dem Cargo Key Receipt nicht wegstreicht. Zugleich wird die Akkreditivbank, nicht der Käufer, als Empfänger der Ware eingetragen, damit die Bank ein eigenes Recht auf Auslieferung der Güter im Bestimmungshafen und deshalb Sicherheit erhält. Der eigentliche Empfänger erscheint im Dokument nur als angemeldete Adresse. Dazu tritt eine Sicherungsvereinbarung, in der der Beförderer erklärt, daß er die Güter für die als Empfänger benannte Bank in Besitz habe. Nur wenn die Bank das Geld be-

---

38 Näheres s.u. § 7 III.

39 Zitat des Geschäftsführers der SeaDocs Registory Ltd., Alan Urbach, bei Merges/Reynolds, Ocean Bills of Ladins, S. 37: "The Registry system is a pure paper system with central storage and physical endorsements of documents ... If the Registry is successful in the first phase, the second phase anticipates doing away with physical documents and going 100% electronic ...".

40 Grönfors, Sea Waybills, S. 55.

41 The Swedish Trade Procedures Council (SWEPRO).

42 Zum ganzen siehe Grönfors, Cargo Key Receipt; kurzer Überblick bei Henriksen, Paperless Trade and Transport, S. 100 ff.

43 Dieses Problem beim Seefrachtbrief wurde von der "CMI Einheitlichen Richtlinie für Seefrachtbrief" 1990 nach dem Konzept vom Cargo Key Receipt gelöst. Ausführlich zum Seefrachtbrief s.u. § 6 IV.

kommen hat, wird sie den Beförderer anweisen, die Güter an die angemeldete Adresse abzuliefern.

Das Cargo Key Receipt ist der erste Versuch, einen Seefrachtbrief mit der Finanzierungsfunktion zu verbinden und dessen Anwendungsbereich zu erweitern.[44] Außerdem dient es auch dazu, die Zweifel an der Akkreditivfähigkeit der Seefrachtbriefe auszuräumen.[45]

2. *Theoretische Muster*

Weitgehende Modelle, die Warenpapiere völlig verdrängen und im Rahmen elektronischer Datenverbundnetze die Wirkungen des Konnossements simulieren, sind bisher nur theoretisch entworfen worden.

a) Reinskous Grundbuch-Analogie

Anfang der achtziger Jahre hat Reinskou in Norwegen ein auf EDV basierendes papierloses System[46] für den Gütertransport auf See entworfen[47], das mit dem Grundbuch-System verglichen wurde.[48] Nach den Grundgedanken Reinskous sollen dem Beförderer – ähnlich dem Grundbuchamt im Liegenschaftsrecht – alle Rechte an den beförderten Gütern und alle Verfügungen über diese Rechte vom Absender mitgeteilt werden. Der Beförderer registriert die betreffenden Verfügungen und benachrichtigt anschließend die Beteiligten von der Registrierung. Dabei verspricht der Beförderer dem Käufer der Güter, ihm die Güter gemäß den zugleich übermittelten Bedingungen des Transportvertrages auszuliefern.

Die Übertragung der Transportdaten kann nach der Konzeption Reinskous entweder durch Computer oder im Wege der Telekommunikation ablaufen. Der Computer des Beförderers soll so programmiert werden, daß er bei eingehenden Nachrichten über Verfügungen untersucht, ob sie von dem im Computer registrierten Rechtsinhaber stammen und ob sie ein Recht betreffen, über das er nach den früher registrierten Geschäften noch verfügen kann.

Dieses Modell kommt zwar dem Ziel der Entmaterialisierung im Rahmen der Transportdokumentation ganz nahe, aber aus der kurzen Darstellung des Projektes ergeben sich schon einige ernsthafte Schwächen, die einer praktischen Umsetzung im Wege stehen.

---

44 Grönfors, Sea Waybills, S. 56.

45 Henriksen, Paperless Trade and Transport, S. 102; Basedow, dokumentelose Wertbewegungen, S. 95.

46 Eine englischsprachige Darstellung findet sich bei Reinskou, Bill of Lading, S. 160 ff.; Zusammenfassung auch bei Henriksen, Paperless Trade and Transport, S. 110 ff.

47 Henriksen, Paperless Trade and Transport, S. 110.

48 Zusammenfassung siehe Henriksen, Paperless Trade and Transport, S. 110 ff.

Das Problem liegt hauptsächlich in der zentralen Rolle des Beförderers, von dessen Bereitschaft und Ehrlichkeit der Erfolg des ganzen Systems abhängt.[49] Für die anderen Beteiligten besteht eine große Gefahr des Mißbrauchs durch den Beförderer. Dem Beförderer verlangt das Modell Reinskous darüber hinaus einen erheblichen Aufwand für die benötigte Computer-Kapazität ab, wobei der Nutzen der EDV sich nicht bei den Beförderern, sondern vorrangig bei den Verladern einstellt, die vor allem den Aufwand für Empfängerreverse und Bankgarantien sparen. Außerdem wird der Beförderer wegen der möglichen Falschprogrammierung und Fehlleitung von Daten mit erheblichen Haftungsrisiken belastet, die versichert werden müssen und folglich die Gesamtleistung des Beförderers verteuern. Aus dem Interesse der Verlader werden manche Geschäfte künftig statt eines Austausches von Dokumenten gegen Geld durch die Einschaltung des Beförderers unnötig verkompliziert, z.B. beschränkte Rechenkapazität und Übermittlungsverzögerung. Es ist unter den gegenwärtigen Verhältnissen manchmal sehr schwierig, den Beförderer überhaupt zu identifizieren.[50]

Dieses theoretische Modell Reinskous hat die Gemeinsamkeit mit dem Experiment der Registrierung der SeaDocs Registory Ltd. in einer zentralen Rolle für die elektronische Datenübermittlung und unterscheidet sich vom letzten durch die Bevorzugung des Beförderers und nicht des Kreditinstituts[51] als Dreh- und Angelpunkt, obwohl eine Bank eher das Vertrauen von Beförderer und Befrachter genießt.

b) Henriksens elektronische Unterschrift

Ebenfalls Anfang der achtziger Jahre hat der Däne Henriksen ein anderes Konzept in Anlehnung an Erkenntnisse neuer Technologie zur vollständigen Entmaterialisierung der Transportdokumentation vorgeschlagen, das von ihm "elektronische Unterschrift" genannt wurde.[52]

Nach der Konzeption Henriksens kann jeder Teilnehmer an einer Transaktion in einem Datenverbundnetz mit jedem anderen Teilnehmer in Verbindung treten. Um die Sicherheit der übertragenen Daten zu gewähren, wird die neue Informatik – Öffentlicher-Schlüssel Encryptionsystem (sog. RSA-Verschlüsselungsverfahren)[53] – durch eine personenbezogene Verschlüsselung der Nachricht in dem Konzept Henriksens aufgenommen.

---

49 Basedow, dokumentelose Wertbewegungen, S. 96 f.

50 Basedow, dokumentelose Wertbewegungen, S. 97.

51 Die Überlegungen des Comité Maritime International siehe Regel 3 des Vorentwurfs vom 10.3.1987 für Uniform Rules for an Electronic Bill of Lading, Waybill or Other Transport Document: CMI Document SWB-47 b)/V-87.

52 Henriksen, Paperless Trade and Transport, S. 45 ff.; ausführlich über elektronische Unterschrift s.u. § 8.

53 Henriksen, Paperless Trade and Transport, S. 53 ff.

Jeder Teilnehmer des Datennetzes erhält zwei Codes, einen geheimen und einen öffentlichen, der über eine Art Telefonbuch jedermann zugänglich ist.

Der Absender verschlüsselt seine Transportdaten in der Weise mit seinem Geheimcode, daß sie nur unter Anwendung seines öffentlichen Codes wieder dechiffriert werden können. Durch solchen Geheimcode bzw. elektronische Unterschrift läßt sich der Absender mit der Quelle der Transportdaten identifizieren. Der Empfänger kann den verschlüsselten Datensatz, der vom Absender mit öffentlichem Empfängercode übermittelt wurde, auf die beschriebene Weise dechiffrieren.

Dadurch kann dieses RSA-Verschlüsselungsverfahren in dem offenen Datenverbundnetz einen "privaten" Datenaustausch ermöglichen, der gegen unbefugte Einblicke und Einmischungen Dritter geschützt ist.

Um die Rechte an den Waren in Transport elektronisch zu übertragen, wie bei der Zirkulation der Warenpapiere, kann jeder Besitzer der Nachricht, d.h. der frachtvertragliche Absender/Befrachter den dechiffrierten Datensatz mit eigenem Inhalt, z.B. Übereignungserklärung, mit der beschriebenen Verschlüsselungsmethode an einen Zweitkäufer übermitteln.

Aber anders als die Übertragung der Rechte in Papierform besteht hier eine Gefahr, daß jeder in der Informationskette Vorangehende aufgrund seiner Kenntnis der Dateninhalte ungerechtfertigte Vorteile gewinnen kann. Er kann beispielsweise die übermittelte Nachricht inhaltlich verändern oder anderweitig adressieren. Nach der Konzeption Henriksens kann dieses Problem durch eine bestimmte Programmierung der angeschlossenen Computer gelöst werden.[54] Zur Verhinderung von Mißbräuchen wird eine Versiegelung der Computer dem Vorschlag Henriksens nach auch eingeführt.

Zum Konzept der elektronischen Unterschrift meinte Henriksen selbst, daß diese Lösung auf keinen Fall die einzige mögliche oder richtige sei.[55] Der Haupteinwand gegen das Konzept Henriksens richtet sich gegen die zentrale Rolle des Staates.[56] Das skizzierte System kann nur funktionieren, wenn alle beteiligten Parteien die gleiche Computereinrichtung haben und deren Computer einheitlich programmiert sind. Um die persönlichen Codes zu verwalten und die ordentliche elektronische Datenübertragung zu kontrollieren, braucht man dem Vorschlag Henriksens nach in jedem Staat eine besondere Behörde.[57] Ob die Vorteile der elektronischen Übermittlung den administrativen Aufwand rechtfertigen, ist jedoch sehr fraglich. Außerdem ergeben sich Zweifel, ob der Handelsverkehr den Administratoren des Nachrichtensystems vertrauen kann und im eigenen sowie in fremden Staaten in der Lage ist, Mißbräuche des Systems wirksam zu verfolgen.

54 Henriksen, Paperless Trade and Transport, S. 122 ff.

55 Henriksen, Paperless Trade and Transport, S. 65.

56 Basedow, dokumentelose Wertbewegungen, S. 98 f.

57 Henriksen, Paperless Trade and Transport, S. 129.

IV. Anpassung der Seefrachtbriefe (anstelle von Konnossementen) an die Erfordernisse des modernen Transports

Der Frachtbrief als Transportdokument hat sich zunächst durch Gepflogenheit beim Eisenbahntransport ergeben. Die erste internationale Kodifikation in diesem Bereich war das Internationale Übereinkommen für den Eisenbahn-Frachtverkehr von 1890.[58] Später wurde der Frachtbrief bzw. das Dokumentmuster für den Luftverkehr durch das Warschauer Abkommen von 1929, für den Straßenverkehr durch das Übereinkommen über den Beförderungsvertrag im internationalen Straßengüterverkehr (CMR) 1956 geregelt.

Auf dem Gebiet des Seetransports war der Frachtbrief noch bis vor kurzer Zeit verhältnismäßig unbekannt.[59] Üblicherweise wurde das Seefrachtgeschäft in der Vergangenheit auf der Grundlage des Konnossements abgeschlossen. Jedoch hat der Seefrachtbrief[60] in jüngster Zeit statt des Konnossements offensichtlich auf verschiedenen Gebieten an Bedeutung gewonnen, weil der Hauptcharakter des Frachtbriefmodells darin liegt, daß die Herausgabe der Waren völlig unabhängig von jedem Papierdokument ist,[61] sondern nur davon abhängt, ob die Waren am Bestimmungshafen angekommen sind und jemand sich als berechtigter Empfänger der Waren identifizieren kann. Dies ist vollzogen auf dem Gebiet bei den schnellen Container-Transporten des Nordatlantiks[62] sowie der Fähr- und RORO-Schiffahrt der europäischen Randmeere.[63]

1. Funktionen des Seefrachtbriefs

In erster Linie dokumentiert der Seefrachtbrief den Abschluß und den Inhalt eines Transportvertrags, durch den eine Partei, d.h. der Frachtführer, sich gegenüber der anderen Partei, d.h. dem Verlader/Versender, verpflichtet, die Waren gegen Bezahlung am Bestimmungsort in Übersee auszuliefern. Somit hat der Seefrachtbrief eine Beweisfunktion.

Ferner ist der Seefrachtbrief auch eine Quittung für die Übernahme der Güter, für ihre Menge und ihren Zustand. In einigen Seefrachtbriefen wird ausdrücklich vermerkt: "Waren verladen bzw. verschifft". Insoweit dienen sie auch der Empfangsbestätigung des Verfrachters hinsichtlich der auszuliefernden Waren.

Der Seefrachtbrief verbrieft keinen Anspruch auf Herausgabe der Güter. Nicht der jeweilige Inhaber des Seefrachtbriefs, sondern der im Seefrachtbrief genannte Empfänger ist Inhaber des Anspruchs auf Lieferung der Waren. Im

58 Grönfors, in Schmitthoff/Goode, International Carriage of Goods, S. 29.
59 Schaps/Abraham, SeeR, vor § 642 Rn. 3.
60 In englisch "sea waybill"; Das ist ein Sammelname von verschiedenen Bezeichnungen, z.B. "Cargo Key Receipt" s.o. § 6 III. 1. d.
61 Grönfors, in Schmitthoff/Goode, International Carriage of Goods, S. 29.
62 Grönfors, Sea Waybills, S. 50 f.
63 Basedow, dokumentelose Wertbewegungen, S. 94.

Gegensatz zum Konnossement kann der Empfänger sein Recht nur auf der Grundlage des Frachtvertrags und nicht auf der Grundlage des im Zusammenhang mit dem Frachtvertrag ausgestellten Seefrachtbriefs geltend machen. Demnach hat der Seefrachtbrief keine Wertpapier- und auch keine Traditionsfunktion. Er ist nur eine Beweisurkunde.

Im Vergleich zum Konnossement bietet der Seefrachtbrief einige praktische Vorteile. Erstens erübrigt sich die Versendung der Papiere, weil die Herausgabe der Waren nicht von der Präsentation des Dokuments im Bestimmungshafen abhängt. Zweitens vermeidet der Seefrachtbrief langwierige Güterstaus im Bestimmungshafen, denn der Empfänger erhält die dokumentierten Daten durch die Übermittlung im Wege der Telekommunikation so rechtzeitig vor Ankunft des Schiffes, daß er seine Güter unmittelbar nach Abladung abholen kann. Als drittes bietet der Seefrachtbrief bzw. ein Dokument ohne Wertpapiereigenschaften schließlich viel weniger Möglichkeit für betrügerische Machenschaften als das Konnossement.[64] Andererseits erschwert die mangelnde Übertragbarkeit des Seefrachtbriefs den Handel mit den schwimmenden Waren, so daß der Seefrachtbrief das Konnossement nie völlig ersetzen kann, sondern nur insoweit an seine Stelle tritt, als begebbare Warenpapiere nicht benötigt werden.

2. *Rechtliche Vorteile des Seefrachtbriefs nach deutschem Recht*

a) *Formfreiheit*

Die formalen Aspekte des Seefrachtbriefs richten sich nach den Bestimmungen, die in dem Seefrachtvertrag je nach den einschlägigen nationalen Rechtsnormen niedergelegt sind, denn der Seefrachtbrief ist vom Seefrachtvertrag abhängig.

Die Form des Frachtvertrags muß mit jenem Gesetz in Einklang stehen, dessen Anwendung entweder ausdrücklich oder stillschweigend von den Parteien vereinbart worden ist. Fehlt eine solche Vereinbarung, so gilt nach deutschem Kollisionsrecht[65] folgendes: Für alle Rechtsverhältnisse, die mit der Beladung des Schiffes zusammenhängen, ist das Recht des Abladeplatzes anzuwenden;[66] für alle mit der Erfüllung des Frachtvertrages im Zusammenhang stehenden Rechtsverhältnisse ist das Recht des Bestimmungsortes maßgebend.[67]

Wenn nach diesen Rechtsprinzipien das deutsche Recht auf den entsprechenden Seefrachtvertrag maßgebend und anwendbar ist, dann ist weder der Seefrachtvertrag selbst noch der Seefrachtbrief an irgendwelche speziellen Formvorschriften gebunden.

---

64 Basedow, dokumentelose Wertbewegungen, S. 93.
65 Art. 3 Nr. 1 Satz 1 i.V.m. Art. 28 Nr. 1 Satz 1 EGBGB.
66 Schaps/Abraham, SeeR, vor § 556 Rn. 37.
67 Schaps/Abraham, SeeR, vor § 556 Rn. 38.

b) Befreiung von der Unterzeichnungspflicht

Das deutsche Recht schreibt nicht direkt vor, daß der Seefrachtbrief handschriftlich unterzeichnet werden muß. Für den Frachtbrief erkennen die Bestimmungen des § 426 Abs. 2 Nr. 9 HGB ausdrücklich an, daß die mechanisch vervielfältigte Unterschrift des Absenders/Verladers ausreichend und daß eine handschriftliche Unterschrift nicht erforderlich ist.

Selbst wenn im Wege der Analogie die in § 426 Abs. 2 HGB für den Frachtbrief erwähnten Bestimmungen auch für den Seefrachtbrief übernommen werden, ist das Unterschrifterfordernis für den Seefrachtbrief auch überflüssig, weil diese Bestimmungen nicht zwingend, sondern dispositiv sind. Somit ist die Möglichkeit nicht ausgeschlossen, einen Seefrachtbrief auf dem Wege über einen Computer-Ausdruck zu erstellen.

Da nach § 416 ZPO nur ein Dokument mit der Unterschrift seines Ausstellers als Privaturkunde anerkannt wird, hat ein Dokument ohne Unterschrift des Ausstellers nur eingeschränkte Beweiskraft und verschlechtert damit die Position desjenigen, der im Prozeß die Urkunde vorlegen muß. Allerdings verändert das Fehlen der Unterschrift grundsätzlich nicht den rechtlichen Charakter des Frachtbriefs bzw. Seefrachtbriefs.

3. Rechtliche Grundlage des Seefrachtbriefs

a) Entwicklung der internationalen kommerziellen Praxis beim Seefrachtbrief

Nach den Internationalen Regeln für die Auslegung der handelsüblichen Vertragsformeln (Incoterms) 1980 ist die Ausstellung eines Konnossements für den Seehandel nicht mehr erforderlich. Nach A 8 CIF von Incoterms 1990 kann auch ein Seefrachtbrief ausgestellt werden. Hieran zeigt es sich, daß sich die neuen kommerziellen Praktiken in Bezug auf den Seefrachtbrief in verschiedenen Bereichen des Seehandels entwickelt haben. Der nichtbegebbare Seefrachtbrief, der in Deutschland noch wenig gebräuchlich ist, erscheint erstmals in den ERA (vgl. Art. 24 ERA 1993). Anders als das Seekonnossement stellt er kein Traditionspapier dar. Die Merkmale für die Aufnahmefähigkeit eines solchen Dokuments entsprechen aber denen des Seekonnossements (Art. 24 ERA).

Auf der 34. CMI-Konferenz 1990 in Paris ist eine "CMI Einheitliche Richtlinie für Seefrachtbriefe"[68] festgelegt worden. Das ist die erste internationale Richtlinie, die den Seefrachtbrief anerkennt und regelt. Da die Regeln der Richtlinie rechtlich als Allgemeine Geschäftsbedingungen einzuordnen sind, unterliegen sie dem AGBG. Der Vorteil einer solchen Richtlinie liegt darin, daß sie unter Berücksichtigung von Erfahrungen geändert werden kann. Wenn ein internationales Übereinkommen letztlich als notwendig erkannt ist, hat die ein-

---

68 Der Originaltext in Englisch von "CMI Uniform Rules for Sea Waybills" (CMI Uniform Rules) ist in Anhang 1 wiedergegeben. Siehe ebenfalls Grönfors, Sea Waybills, S. 87 ff.

heitliche Richtlinie den Weg schon geebnet. Diese Richtlinie findet Anwendung, wenn sie in einen Frachtvertrag, der nicht durch ein Konnossement oder eine ähnliche Eigentumsurkunde gedeckt ist, einbezogen ist, unabhängig davon, ob der Vertrag schriftlich ist oder nicht (Art. 1 Nr. 2 CMI Uniform Rules).

Es gibt zwei wichtige Rechtsfragen beim Seefrachtbrief: die Kontrolle an den Gütern nach der Verschiffung und das Klagerecht.

aa) Kontrollrecht an den Gütern

Fast in allen Ländern behält der Absender die Kontrolle über die Güter nach der Verschiffung in dem Sinne, daß er die Person des Empfängers während des Transports ändern kann, vorausgesetzt, daß er dem Verfrachter dies mitteilt. Im Falle des Streits zwischen dem ursprünglichen im Frachtbrief genannten Empfänger und dem neuen ist der Verfrachter geschützt, wenn er dem neuen Empfänger die Güter abliefert. Der ursprüngliche Empfänger hat kein Recht, die Lieferung vom Verfrachter anzufordern. Er kann nur gegen den Absender und Verkäufer aufgrund des Kaufvertrags seinen Lieferanspruch nach § 433 Abs. 1 BGB geltend machen.

Ebenso kann der Absender den Bestimmungsort der Güter auf dem Transport ändern, wenn der Verfrachter damit einverstanden ist und der Absender alle zusätzlichen Kosten zahlt.

Die "CMI Einheitliche Richtlinie für Seefrachtbrief" regelt das Kontrollrecht an den Waren wie folgt:

Der Absender hat die Möglichkeit, dem Empfänger das Kontrollrecht an den Waren zu übertragen. Von dieser Möglichkeit kann er nur solange Gebrauch machen, bis der Verfrachter die Güter übernommen hat. Die Übertragung des Kontrollrechts muß im Seefrachtbrief oder ähnlichen Dokumenten niedergelegt werden. Mit der Übertragung verliert der Absender das Kontrollrecht (Art. 6 Abs. 2 CMI Uniform Rules).

Wenn der Absender von dieser Möglichkeit zur Übertragung des Kontrollrechts keinen Gebrauch macht, ist er die einzige Partei, die dem Verfrachter Anweisung im Zusammenhang mit dem Frachtvertrag geben kann. Die Voraussetzung dafür ist, daß der Absender dem Verfrachter vernünftige Anweisung schriftlich oder auf andere vom Verfrachter akzeptable Weise gibt und dem Verfrachter alle dadurch entstehenden zusätzlichen Kosten erstattet (Art. 6 Abs. 1 CMI Uniform Rules).

Wenn das Kontrollrecht dem Empfänger vor der Verschiffung vom Absender übertragen worden ist, kann der Empfänger den Verfrachter anweisen, die Güter an einen anderen Empfänger zu liefern. Jedoch bleibt das Kontrollrecht an den Gütern die ganze Zeit hindurch immer beim ursprünglichen Empfänger.

bb) Klagerecht

Eine andere Frage ist, wer das Recht hat, bei Nichtablieferung oder Schaden Ansprüche gegen den Verfrachter geltend zu machen und gegebenenfalls zu klagen. Hat der Absender dem Empfänger das Kontrollrecht an den Waren schon vor der Verschiffung übertragen, kann der Empfänger den Anspruch gegen den Verfrachter im eigenen Namen geltend machen. Weitere Voraussetzung ist, daß der Absender den Frachtvertrag im Namen des Empfängers mit dem Verfrachter abgeschlossen hat.

b) Notwendigkeit einer Gesetzesänderung im deutschen Recht

Im deutschen Recht gibt es keine spezielle gesetzliche Grundlage für den Seefrachtbrief. Für den Bereich des Seetransportes sind nur der Seefrachtvertrag (§§ 556 ff. HGB) und das Konnossement (§§ 642 ff. HGB) geregelt. Die Bestimmungen über den Frachtbrief (§§ 426 ff. HGB) beziehen sich nur auf den in verschiedenen Bereichen des Landtransports verwendeten Frachtbrief.

Trotz Fehlens einer gesetzlichen Grundlage gelten die Vorschriften für den Frachtbrief (§§ 426 ff. HGB) analog auch für den Seefrachtbrief. Nach § 952 BGB kann angenommen werden, daß der Rechtstitel aus einem Transportdokument jenem Rechtstitel folgt, der sich aus der im Zusammenhang mit einem solchen Dokument durchgeführten Transaktion ergibt. Der Beförderer bzw. Frachtführer der Waren ist berechtigt, vom Absender die Ausstellung eines Frachtbriefs zu verlangen (§ 426 Satz 1 HGB).[69] Ob er das ihm zustehende Recht im Zeitpunkt der Übergabe der Waren oder später ausübt, bleibt ihm nach Belieben überlassen.

Es ist jedoch fraglich, ob der Ablader auch das Recht hat, vom Absender die Ausstellung eines Seefrachtbriefs anstelle eines Konnossements (§ 642 Abs. 1 HGB) zu verlangen.

Um eine Vorhersehbarkeit und Vermeidung von Risiken für die Beteiligten zu gewähren, sollte der Seefrachtbrief in das deutsche Rechtssystem aufgenommen werden, indem ausdrücklich eine gesetzliche Grundlage hierfür im Handelsgesetzbuch geschaffen wird.

Zwischenergebnis zu § 6

Die Unübersichtlichkeit und die verwirrende Vielzahl der Transportdokumente im modernen Handelsverkehr, Rationalisierungsbestrebungen, die Vermeidung von Güterstaus sowie die Betrugsprävention sind die Motive, die Transportdokumentation zu entmaterialisieren. Ferner sprechen die Interessen der beteilig-

69 Baumbach/Hopt, HGB § 426 Rn. 2.

ten Parteien an der jeweiligen Transaktion für den Abschied von Warendokumenten aus Papier.

In der Praxis wurde bereits versucht, Transportpapiere, vor allem Traditionspapiere, durch short-form-Konnossemente, destination bills of lading, Registrierung und Hinterlegung der Konnossemente sowie Cargo Key Receipts zu verdrängen. Dies geschah, um allmählich Dokumente aus Papier überflüssig zu machen. Insbesondere das Konnossement wird durch den nichtbegebbaren, aber rechtlich vorteilhafteren Seefrachtbrief weitgehend ersetzt. Alle diese Dokumente sollen jedoch der Ausstellung eines Konnossements nicht im Wege stehen, wo ein begebbares Traditionspapier bzw. ein Warenpapier mit Wertpapiereigenschaft benötigt wird.

Der Seefrachtbrief wurde durch Übereinkommen und Richtlinien bereits international geregelt, während eine nationale Gesetzesänderung im deutschen Recht zur Anpassung der neuen Entwicklung noch aussteht.

§ 7 Elektronisches Transportdokument

Die Einführung der automatischen "papierlosen" Übermittlung der Transportdaten soll eine große Anzahl der Probleme lösen, die im Augenblick mit den elektronischen Dokumenten verbunden sind.

I. Gegenüberstellung der herkömmlichen und elektronischen Transportdokumente

Gewöhnlich bezieht sich der Ausdruck "Dokument" auf die Existenz eines Stückes Papier.[1] Im herkömmlich engeren Sinne bezieht sich das Wort jedoch nur auf die Informationen, die in diesem Papier enthalten sind. Das Papierdokument ist meist, insbesondere beim Wertpapier, mit beträchtlichem Geldwert verbunden. In der Praxis werden Papierdokumente als Transportdatenträger auf dem Postwege versandt und dem Empfänger übergeben.

Wenn man heute von papierloser Übertragung der Transportinformationen spricht, ist damit nicht gemeint, daß die Transportdokumente als solche ihre kommerzielle Funktion verlieren, sondern nur, daß die traditionelle Übertragung der Transportdaten durch ein Stück Papier durch die elektronische Datenverarbeitung, die die gleichen Informationen transportiert, ersetzt wird.[2]

1. Vor- und Nachteile des Papiers als Transportdatenträger

Um das Problem – elektronisches Dokument anstelle von Papierdokument als Transportdatenträger – zu lösen, sollte man zuerst die physischen Eigenschaften der Papiere betrachten.[3]

Papier als Datenträger hat verschiedene Vorteile. Es ist dauerhaft, übertragbar und für jeden lesbar in menschlicher Sprache. Es kann durch eine sichtbare Unterschrift, die den wesentlichen Bestandteil eines Dokuments bildet, authentisiert sein. Außerdem eignen sich solche Papierdokumente zur Übertragung von Rechten durch Indossament und zur Zustellung an die Parteien. Schließlich vertritt die Schrift auf einem Stück Papier das praktische Mittel, das das Überfliegen eines Textes mit den menschlichen Augen ermöglicht.

Allerdings haben die Papierdokumente auch Nachteile. Die physische Aufbewahrung des Papiers ist belastend, teuer und risikoreich, die Zirkulation ist darüberhinaus langsam. Ein Papierdokument kann auch relativ einfach gefälscht werden und leicht verlorengehen. Die Infrastruktur der Transportdokumentation mit Papier als Datenträger konzentriert sich auf das Stück Papier, das ausgestellt, per Post verschickt und am Bestimmungsort vorgelegt werden muß.

---

1 Thomsen, in: Thomsen/Wheble, EDI, S. 18; Grönfors, Sea Waybills, S. 65.
2 Grönfors, Sea Waybills, S. 66.
3 Bergsten/Goode, in: Thomsen/Wheble, EDI, S. 127.

2. *Begriff des elektronischen Transportdokuments*

Um die traditionelle Datenübertragungsmethode durch elektronische Datenübertragung zu ersetzen, müßte ein dem gewöhnlichen Konzept "Papierdokument" ähnliches "elektronisches Dokument" ebenfalls als Datenträger mit entsprechenden wesentlichen Rechtsfunktionen[4] dienen. Aber was ist eigentlich ein elektronisches Transportdokument? Gibt es nach den deutschen und ausländischen Rechtsnormen sowie internationalen Abkommen und Gepflogenheiten überhaupt ein "elektronisches Transportdokument"?

In der Welt gibt es kein Rechtssystem, das ausdrücklich ein Stück Papier als Datenträger für ein Dokument vorschreibt. Im Gegenteil: wie § 239 Abs. 4 HGB zeigt, ist die elektronische Speicherung sogar von Handelsbüchern und den „sonst erforderlichen Aufzeichnungen „ zulässig. Eine Dokumentation in Papierform ist entbehrlich.[5] Dies bedeutet, daß ein Transportdokument in keinem Falle an die Papierform gebunden ist.

Gelegentlich werden schon Ausdrücke wie "EDI-Urkunde", "EDV-Urkunde" und "EDI-Dokument" usw. für ein elektronisches Dokument als neue Begriffe benutzt.[6] Es gibt jedoch bis jetzt noch keine Definition für ein elektronisches Dokument. Auch in der ausländischen Literatur[7] ist die Bezeichnung des „elektronischen Dokuments“ zwar schon verwendet, aber nicht genau definiert worden. Weder deutsche noch ausländische Rechtsnormen haben bisher den Begriff "elektronisches Dokument" verwendet und definiert.

In Bezug auf die elektronische Transportdokumentation sind folgende zwei Feststellungen zu beachten.

Erstens: Es gibt im engeren Sinne nur ein "elektronisches Dokument", das im Computer gespeichert worden ist. Alle Computer-Ausdrucke sind nur Kopien eines "elektronischen Dokuments". Ein Computer-Ausdruck ist nicht mehr als ein Beweis dafür, was unmittelbar vor dem Drucken im Computer gespeichert wurde. Er kann zu jeder Zeit und in jeder Menge hergestellt werden. Sein Inhalt ändert sich, sobald das elektronische Dokument im Computer geändert wird. Im Gegensatz hierzu werden alle traditionellen Papierdokumente gleichzeitig ausgestellt und enthalten Informationen, die wesentlich nicht durch die Änderung eines Originals, z.B. Fälschung, geändert werden können.

Zweitens: Nachdem der Verfrachter die von ihm ausgestellten Warenpapiere übergeben hat, kann er nicht mehr den Inhalt des Papier-Dokuments beeinflussen. Wenn jedoch ein elektronisches Dokument schon hergestellt worden ist, behält der Verfrachter, und nur er, immer noch den Zugang zum einzigen elektronischen Dokument in einem geschlossenen System auf dem Gütertransport. Demnach ist es für den Absender wichtig, einen ersten Computer-Ausdruck als

4 Rechtliche Anforderungen beim elektronischen Transportdokument s.u. §§ 7 II., III. und 8.

5 Grönfors, Sea Waybills, S. 66.

6 Fritzemeyer/Heun, CR 1992, 130 ff.

7 Z.B. Grönfors, Sea Waybills, S. 65 ff.

Beweis dafür zu bekommen, was im Augenblick der Übergabe von Gütern an den Beförderer im Computer gespeichert wurde. Der erste Computer-Ausdruck ist eine Empfangsbescheinigung und ferner ein prima facie Beweis für die vom Frachtführer übernommenen Güter, wie z.B. ein normaler Frachtbrief.[8] Da der erste Ausdruck die notwendige Verbindung zwischen der elektronischen Eintragung und der "Realität" in Form des Papiers gründet, ist die papierlose elektronische Dokumentation offenbar nicht vollständig papierlos.

Wenn ein elektronisches Transportdokument ein Papierdokument ersetzen soll, muß es die typischen Elemente eines Papierdokuments beibehalten, nämlich ein Datenmedium, eine Serie von gespeicherten und lesbaren Transportdaten (deren Inhalt meistens gesetzlich geregelt ist), die Absicht des Dokumentenausstellers, die Verwendung der vereinbarten Methode für Datenübertragung, die Idenfikation der Dokumentenaussteller sowie die Haftung für gespeicherte Daten.

Die internationale Organisation Economic Commission for Europe (ECE) hat bei ihrer Forschungsarbeit das elektronische Transportdokument zutreffend definiert: Es ist "ein elektronisches Medium für Speicherung und Übertragung von Daten, das Daten enthält, die von Mensch oder Maschine gelesen werden können mit der Absicht, die Daten im Einklang mit vereinbarten Standards auszutauschen, wobei zu jeder Zeit sichergestellt ist, daß der Dateninhalt und der Aussteller identifiziert werden können, einschließlich – wenn erforderlich – der für den Inhalt der Daten verantwortlichen Person".[9] Dabei ist zu bemerken, daß auch ein elektronisches Dokument die oben genannten typischen Elemente eines Papierdokuments besitzt. Der Unterschied ist nur, daß für die Datenübertragung die elektronische Methode benutzt wird.

II. Rechtsprobleme des elektronischen Transportdokuments

Das Transportrecht in allen Verkehrsbranchen weist den Transportdokumenten eine zentrale Stellung zu. Nach nationalen Gesetzen sowie internationalen Konventionen und Gepflogenheiten sind die Warenpapiere Dreh- und Angelpunkt für die Rechtsstellung der beteiligten Parteien an den jeweiligen Transaktionen. Aus der beschriebenen Entwicklung elektronischer Dokumentation ergibt sich nun die Frage, welche Rechtsvorschriften der Entmaterialisierung im Rahmen der Transportdokumentation im Weg stehen und wie sie im Interesse einer umfassenden Nutzung der elektronischen Datenverarbeitung geändert oder gege-

8 Grönfors, Sea Waybills, S. 67.

9 Der originale englische Text lautet: "An electronic medium designed for carriage and storage of data, containing data that can be read by man or machine, intended to be exchanged according to agreed standards, ensuring at all times that the data content, and the issuer, can be identified, including – when so required – the person responsible for the content of the data." Der Text ist gedruckt in ECE WP4, GE1 Item 4, 13. September 1989.

benenfalls neu erarbeitet werden sollten. Es wird daher im folgenden zunächst die Situation de lege lata dargestellt und sodann erörtert, welche gesetzgeberischen Maßnahmen de lege ferenda wünschenswert wären.

1. Erfordernisse der Dokumentenausstellung

Im nationalen und internationalen Transportrecht besteht bei allen Transportmitteln die Pflicht zur Ausstellung eines Dokuments. Sobald die Abladung erfolgt ist, hat der Ablader nach deutschem Seerecht regelmäßig einen Anspruch darauf, daß der Verfrachter ein Konnossement ausstellt.[10] Im Bereich des Land- und Lufttransports schreiben die Gesetze und Konventionen vor, dem Absender einen Frachtbrief auszustellen.[11] Nach deutschem Recht soll für die Binnenschiffahrt ein Ladeschein ausgestellt werden (§ 72 BSchG). Nur für den Landtransport sieht § 444 HGB eine rein fakultative Ausstellung des Ladescheins ("kann ausgestellt werden") vor.

2. Wirksamkeit elektronisch übermittelter Willenserklärungen bei Transportdokumentation

Ohne Rücksicht auf das Beförderungsmittel ist der Frachtvertrag Werkvertrag, d.h. Inhalt des Vetrages ist das Erreichen des Ziels. Die Vertragsparteien sind der Absender bzw. der „Befrachter“ im Seefrachtgeschäft und der Frachtführer (im Seefrachtgeschäft der „Verfrachter“). Der – formlos zu schließende – Frachtvertrag verpflichtet den Frachtführer zur Beförderung der Güter. Der Absender ist verpflichtet, die übliche Fracht sowie den Aufwendungsersatz (§§ 670, 675 BGB) zu bezahlen.[12] Der Frachtbrief (§ 426 HGB) ist eine vom Absender auszustellende Beweisurkunde über den Frachtvertrag. Rechtlich ist sie eine Erklärung, die der Frachtführer annimmt und sie damit zum Vertragsbestandteil macht.[13]

Im Seerecht beispielsweise verpflichtet sich unmittelbar aus dem Konnossement nur der Verfrachter,[14] daß er dem aus dieser Urkunde Legitimierten einen selbständigen schuldrechtlichen Anspruch auf Auslieferung des Gutes regelmäßig im Bestimmungshafen gewährt (§§ 642 ff. HGB). Nach dem deutschen

---

10 § 642 HGB; International Art. 3 III HR, 14 I HambR; Nach den Incoterms 1980 ist die Ausstellung eines Konnossements jedoch nicht mehr erforderlich; s.o. § 6 IV. 3. a.

11 Luft: Art. 5 I WA; Eisenbahn: § 55 EVO, Art. 12 CIM; Straßengüternahverkehr: § 426 HGB; Straßengüterfernverkehr: § 10 KVO; ohne klare Pflichtzuweisung an eine Vertragspartei nur die Art. 4, 5 I CMR ("wird ausgestellt") im internationalen Straßengüterverkehr.

12 Baumbach/Hopt, HGB § 425 Rn. 13.

13 Baumbach/Hopt, HGB § 426 Rn. 1.

14 Schaps/Abraham, SeeR, § 656 Rn. 1; s.o. § 2 II. 1. a.

Recht ist das Konnossement für das Rechtsverhältnis zwischen dem Verfrachter und dem Empfänger der Güter maßgebend (§ 656 Abs. 1 HGB).[15]

Darüber hinaus kann ein Konnossementsinhaber durch ein Indossament[16] die Willenserklärung abgeben, die sich in den Händen des Verfrachters oder seiner Erfüllungsgehilfen befindenden Güter während dieser Zeit zu übereignen, zu verpfänden oder auch mit einem Nießbrauch zu belasten.[17] Der Erwerber (Indossatar) kann das Dokument weiter indossieren.[18] Einwendungen gegen den legitimierten Besitzer der Urkunde sind nur zulässig, wenn sie die formelle oder materielle Gültigkeit der Erklärung in der Urkunde betreffen oder sich aus dem Inhalt der Urkunde ergeben oder ihm unmittelbar gegen den Besitzer zustehen (§ 364 Abs. 2 HGB).

Bei Einsatz von EDV zur Ausstellung der Transportdokumente ergibt sich das Rechtsproblem, wie die Wirksamkeit der elektronisch übermittelten Willenserklärung zu beurteilen ist.

a) *Der rechtsgeschäftliche Charakter elektronischer Willenserklärungen bei Transportdokumentation*

Der Begriff der Willenserklärung im Privatrecht ist gesetzlich nicht definiert. Nach der Formulierung von Flume[19] ist "die Willenserklärung auf die Begründung, Änderung oder Aufhebung eines Rechtsverhältnisses gerichtet. Dementsprechend ist der Wille bei der Willenserklärung bezogen auf den Akt der Rechtsgestaltung als einen solchen, der die Begründung, Änderung oder Aufhebung eines Rechtsverhältnisses zum Inhalt hat ...".

Bisher werden Willenserklärungen, die mittels Telefon, Fernschreiber, Telex, Telefax oder anderer elektronischen Medien und die durch herkömmliche Kommunikationswege – menschliches Gespräch, Übersendung eines Briefes usw. – übermittelt werden und keiner besonderen Form bedürfen, in der Rechtsordnung gleichbehandelt.[20] Schließlich hat das internationale Abkommen "CMI Rules for Electronic Bills of Lading" (CMI Rules)[20a] ebenfalls deutlich formuliert, daß Informationen, die in einem elektronischen Konnossement enthalten sind, dieselbe Kraft und Wirkung haben wie die in einem Papier-Konnossement (Art. 4 d. CMI Rules).

Beim Einsatz von EDV zur Ausstellung von Transportdokumenten gibt der Computerbetreiber, z.B. Konnossementaussteller, nur eine Regel für die Bearbeitung von Geschäftsvorfällen. Diese Regel stellt dann ein Computerpro-

---

15 S.o. § 3 I. 2. a.

16 Ausführlich dazu Heymann-Horn, HGB § 364 Rn. 1 ff.

17 S.o. § 3 I. 3. b.

18 Heymann-Horn, HGB § 364 Rn. 1.

19 BGB § 4, 5.

20 Clemens, NJW 1985, 1998 (2003).

20a Der Originaltext in Englisch von "CMI Rules for Electronic Bills of Lading" ist in Anhang 2 wiedergegeben. Siehe ebenfalls Grönfors, Sea Waybills, S. 91 ff.

gramm dar, aufgrund dessen die anfallenden Daten zu Einzelheiten verarbeitet werden.[21] Es scheint demnach nicht der Konnossementaussteller, sondern die Datenverarbeitungsanlage zu sein, die über Zustandekommen und Inhalt einer Erklärung entscheidet. Der rechtliche Charakter solcher "Computererklärungen" eines elektronischen Konnossements wird in Zweifel gezogen.

Im öffentlich-rechtlichen Bereich mittels EDV gefertigte Bescheide sind ohne weiteres Verwaltungsakte (§ 37 Abs. 4 VwVfG).[22] Auch im Zivilrecht ist die mit Hilfe automatischer Einrichtungen gefertigte Erklärung eine rechtlich verbindliche Willenserklärung, die bei Fehlbedienung der EDV-Anlage nach § 119 Abs. 1 BGB als Erklärungsirrtum angefochten werden kann.[23] Dahinter steht die Einsicht, daß das EDV-System keine autonomen Entscheidungen, sondern nur die logische Bearbeitung der eingegebenen Daten nach einem vorgegebenen Programm durchführen kann. Außerdem kann der Erklärende immer entscheiden, ob er die automatisch gefertigte Erklärung abgibt.[24]

Grundsätzlich handelt es sich bei der elektronischen Transportdokumentation um keine völlig fremde Erscheinung der Rechtsgeschäftslehre. Eine elektronisch gefertigte Willenserklärung in einem Transportdokument ähnelt einer Blanketterklärung , die von einem Gehilfen nach bestimmten Anweisungen des Geschäftsherrn vervollständigt werden soll. Die so vervollständigte Willenserklärung wird ohne weiteres dem Geschäftsherrn als eigene zugerechnet, obwohl er möglicherweise den konkreten Inhalt der Erklärung nicht im voraus kennen kann; bei Zugang der durch die EDV übermittelten Willenserklärung kommt der Vertrag mit dem vorbeschriebenen Inhalt zustande.

Für die rechtliche Bewertung ist nur entscheidend, daß sich der Erklärende der Transportdokumente die Ergebnisse der Datenverarbeitung als eigene Erklärung zurechnen lassen muß und daß demnach die Verantwortung bei ihm verbleibt. Ob der Inhalt einer Erklärung mit Hilfe von Menschen oder mit Hilfe elektronischer Einrichtungen konkretisiert wird,[25] spielt keine Rolle. Damit ist die elektronisch vorbereitete, in der EDV gleichsam geschriebene Erklärung eine rechtlich bindende Willenserklärung des Absenders.[26]Der Einfluß des technischen Mediums EDV ist hierbei intensiver und letztlich rechtlich bedeutsamer als bei der bloßen Übermittlung von Willenserklärungen durch technische Medien (Fax, Fernschreiber, eMail u.a.).

21 Köhler, AcP 182 (1982), 132.

22 Stelkens/Bonk/Leonhardt, VwVfG § 37 Rn. 33 m.w.N.; ähnlich § 119 Abs. 4 AO, BFH BB 1981, 1386 zur Verfassungsmäßigkeit von § 119 Abs. 4 AO.

23 Palandt-Heinrichs, BGB § 119 Rn. 10 aE; Soergel-Schmidt, BGB Einl. Rn. 69 ff.; Staudinger-Dilcher, BGB Vorbem. zu § 116 Rn. 5 ff.

24 Köhler, AcP 182 (1982), 133.

25 Viebke, Willenserklärung, S. 80 ff., spricht von "arbeitsteilig" gefertigten Erklärungen.

26 Im allgemeinen ist dies auch von der herrschenden Lehre angenommen. Vgl. mit Einschränkungen: Clemens, NJW 1985, 1998 (2005). Dazu ausführlich Kuhn, EDV, S. 47 ff.

b) Das Wirksamwerden elektronischer Willenserklärung bei Transportdokumentation

Soweit EDI dem Austausch von Dokumenten des Transportvertrages[27] dient und gegebenenfalls Vertragsabschlüsse im Wege einer on-line Datenverbindung bewirken soll, stellt sich die Frage nach der rechtlichen Wirksamkeit elektronisch übermittelter Willenserklärungen.

Die oben erwähnte Feststellung des rechtsgeschäftlichen Charakters elektronischer Willenserklärungen bei der Transportdokumentation sagt allerdings noch nichts über die spezifischen rechtlichen Voraussetzungen für das Wirksamwerden einer solchen Erklärung aus.

Im Regelfall wird eine Erklärung mit ihrem Zugang beim abwesenden Erklärungsempfänger wirksam (§ 130 Abs. 1 Satz 1 BGB). Zugang ist dann gegeben, wenn die Willenserklärung so in den Bereich des Erklärungsempfängers gelangt ist, daß dieser unter normalen Verhältnissen die Möglichkeit hat, vom Inhalt der Erklärung Kenntnis zu nehmen.[28] Vollendet ist der Zugang erst, wenn die Kenntnisnahme durch den Empfänger möglich und nach der Verkehrsanschauung zu erwarten ist.[29]

Bei der traditionellen Transportdokumentation wird ein Papierdokument per Post oder mit Kurierdienst geschickt, wobei der Absender nicht sofort genau wissen kann, wann die Erklärung zugegangen ist. Im Prinzip trägt der Absender das Risiko des Verlustes der Dokumente. Enthält die Erklärung zusätzlich Unklarheiten oder sogar falsche Angaben, trägt der Absender auch die Risiken, die aus derartigen Diskrepanzen entstehen. Im günstigsten Fall kommt es zu einer Verzögerung, im ungünstigsten Fall kommt ein Vertrag mit falschem Inhalt zustande, der u.U. nur mit hohen Kosten rückabgewickelt werden kann.

Die elektronische Technik hat eine völlig neue Infrastruktur der Übertragung von Erklärungen geschaffen. Die Erklärung kann fast zeitgleich mit Abgabe durch Datenübertragung beim Empfänger ankommen; dies kann der Absender sofort erfahren, indem er sofort eine Bestätgung erhält. Wenn der Empfänger die Inhalte der Erklärung bekommen hat, kann er genau so schnell wie der Absender seine Annahmeerklärung per Datenübertragung zurücksenden.

Es ist ein großer Fortschritt für die internationale Transportdokumentation, wenn Eingang und Richtigkeit der Absendererklärung sofort vom Empfänger rückbestätigt werden können. Unklarheiten oder Mißverständnisse sowie Fehler bei der Datenübertragung können damit sofort aufgeklärt werden.

Wann aber ist eine elektronisch übermittelte Willenserklärung wirksam? Die alten Rechtsfragen erlangen hier eine neue Bedeutung.

---

27 Z.B. das Konnossement ist eine Urkunde des Seefrachtvertrages, Schaps/Abraham, SeeR, vor § 642 Rn. 10.

28 BGH 67, 275, NJW 80, 990; 83, 930; BAG NJW 84, 1651.

29 RGZ 142, 409.

aa) Die Problematik der Erklärungen unter Abwesenden oder Anwesenden

Herkömmlich wird zwischen Erklärungen unter Abwesenden und solchen unter Anwesenden unterschieden, wobei unterschiedliche Zugangserfordernisse gelten.

Eine mittels Datenübertragung übermittelte Willenserklärung setzt zu ihrer Wirksamkeit zuerst voraus, daß der Empfänger seine EDV-Anlage auf die Abwicklung von Geschäftsvorgängen in elektronischer Form eingerichtet hat,[30] denn EDI ist zur Zeit noch weniger selbstverständlich als die Benutzung der Briefpost oder des Telefons. Der Erklärende muß sich hierüber vor dem Absenden der Erklärung vergewissern oder sogar eine entsprechende Vereinbarung über die online-Verbindung mit dem Empfänger treffen.[31]

Wenn diese Voraussetzung der online-Verbindung erfüllt ist, scheint eine elektronisch übermittelte Erklärung im EDI-Transportdokument eine unter Anwesenden zu sein. Allerdings entspricht dies einerseits nicht der Praxis, denn selbst bei online-Verbindungen sind Absender und Empfänger nicht unbedingt zu gleicher Zeit am Kommunikationsgerät "anwesend". Die elektronische Datenübertragung ähnelt weniger einem Telefonat, sondern vielmehr einer Telex- oder Telefaxmitteilung, wobei eher eine Erklärung unter Abwesenden gegeben ist. Andererseits sehen die bisher entwickelten EDI-Dokumente bzw. Nachrichten eine notwendigerweise zeitversetzte Bestätigung vor.[32] Das neue internationale Abkommen "CMI Rules for Electronic Bills of Lading" schreibt deutlich vor, daß der Ablader nur der Inhaber des Privatschlüssels (herkömmlich: Konnossementsinhaber) sein kann, nachdem er den Empfang der Erklärung des Verfrachters bestätigt hat (Art. 4. b. i.V.m. Art. 2. g. CMI Rules). Insofern richtet sich der Zugang einer EDI-Erklärung im Transportdokument nach § 130 Abs. 1 S. 1 BGB, welche die Wirksamkeit einer Erklärung unter Abwesenden vom Eintreffen im Herrschaftsbereich des Empfängers abhängig macht. Dabei sind zwei Fälle von EDI-Verbindungen zu unterscheiden:

Im ersten Fall werden die EDI-Transportdokumente direkt vom Verfrachter an den im Konnossement bestimmten Empfänger geschickt. Die Erklärungen in den EDI-Transportdokumenten sind dann zugegangen, sobald die betreffenden Daten den von einem Leistungsanbieter (z.B. Telekom) zur Verfügung gestellten Übertragungsweg verlassen haben und über eine Schnittstelle hinweg in die EDV-Anlage bzw. das EDV-Netz des Empfängers gelangt sind, weil der Herrschaftsbereich des Empfängers spätestens an dieser Stelle beginnt.[33]

Im zweiten Fall ist die Lage komplizierter: Der Verfrachter oder ein möglicherweise von einer Partei, meist dem Empfänger, zwischengeschalteter Mehr-

30 Schneider, EDV-Recht, Rn. B 245 m.w.N.
31 Fritzemeyer/Heun, CR 1992, 130.
32 Übersicht bei Hörig/Barthel, CR 1990, 486 ff.
33 Fritzemeyer/Heun, CR 1992, 130.

wertdienstanbieter (VANS = Value Added Network Services)[34] hält die betreffenden Daten für den Empfänger zum Abruf bereit. Hier beginnt der Herrschaftsbereich des Empfängers nicht erst an seiner Schnittstelle zum Übertragungsweg, sondern bereits dann, wenn der Empfänger mit Willen unmittelbaren Zugriff auf den betreffenden Datenbestand erhält.[35] Rechtlich entspricht sodann der elektronische Briefkasten (in Englisch: electronic mailbox) dem herkömmlichen Briefkasten.[36]

Allerdings ist fraglich, ob der Verwendung von EDI, anders als bei herkömmlicher Post, keine rechtliche Beschränkung des Zugangs auf die normalen Geschäftszeiten angenommen werden. Einer der Zwecke des elektronischen Datenaustauschs ist es sicher, daß Informationen gerade auch zu einem Zeitpunkt wirksam übermittelt werden, der unabhängig von der Postzustellung ist. Andererseits besteht aber kein Grund, die für den „analogen" Briefkasten entwickelten und erprobten Regeln für den „digitalen" Briefkasten, die elektronic mailbox grundsätzlich in Frage zu stellen. Eine unklare Rechtslage wäre hier sicher kontraproduktiv und würde einen Teil der Vorzüge elektronischer Übermittlung von Erklärungen wieder aufheben. Aus diesem Grund ist es, um eine sichere Grundlage zu schaffen, empfehlenswert, daß Absender und Empfänger bestimmte verbindliche Kommunikationszeiten vereinbaren. Andernfalls müßte das betreffende Personal rund um die Uhr beschäftigt werden.

bb) Technische und intellektuelle Zugangsprobleme

Durch Einsatz von Datenverarbeitungsanlagen bei der Transportdokumentation können technische und intellektuelle Zugangsprobleme entstehen.

Probleme technischer Natur können zuerst auftreten, wenn bei der Datenfernübertragung Daten durch Netzstörungen beim Absender zerstört, verstümmelt oder verändert werden. Störungen können aber auch in der Datenverarbeitungsanlage oder am elektronischen Briefkasten des Empfängers eintreten. Schließlich kann es vorkommen, daß die Verstümmelung einer Nachricht unentdeckt bleibt, auf dem Übertragungsweg erfolgte oder durch einen zwischengeschalteten Dritten verursacht wurde. Demnach stellt sich bei Erhalt verstüm-

34 Fritzemeyer/Heun, CR 1992, 130: „Im Zuge der weltweiten Liberalisierung des Telekommunikationswesens bietet es sich für EDI-interessierte Unternehmen an, die Abwicklung von Datenübertragungsvorgängen durch Dritte vornehmen zu lassen. Diese Dritte werden sogenannte Mehrwertdienstanbieter oder VANS (Value Added Network Service) sein, die zusätzlich zur Datenübertragung eine vielzahl von Datenverarbeitungsleistungen anbieten, um den elektronischen Datenaustausch zwischen zwei Unternehmen zu erleichtern. In der Regel geschieht dies dadurch, daß der Absender zunächst seine Daten – möglicherweise sogar unformatiert – an den VANS übermittelt und dieser dann die erforderliche Datenverarbeitung vornimmt (z.B. Herstellung des EDI-Formats). Nach Verarbeitung werden diese Daten dem Empfänger meist in einer Mailbox zum Abruf bereitgestellt."

35 In Anlehnung an die Rechtsprechung des BGH zum elektronischen Zahlungsverkehr: BGH CR 1989, 106.

36 Fritzemeyer/Heun, CR 1992, 130; Grönfors, Sea Waybills, S. 71 m.w.N.

melter Daten die Frage, ob die vom Absender richtig auf den Weg gebrachte Erklärung wirksam und rechtzeitig zugegangen ist.

In Ermangelung einer diesbezüglichen Vereinbarung zwischen den EDI-Parteien sollte jede Partei die Risikoverantwortlichkeit für ihren jeweiligen Herrschaftsbereich tragen. Um unnötige Streitigkeiten zu vermeiden, empfiehlt es sich, daß die Partner einer EDI-Verbindung eine gegenseitige Rückbestätigungspflicht vereinbaren.[37]

Das internationale Abkommen CMI Rules for Electronic Bills of Lading legt fest, daß sich der Ablader bzw. Empfänger der Nachricht verpflichtet, dem Verfrachter bzw. Absender der Nachricht zu bestätigen (Art. 4.b. Satz 2 CMI Rules), daß der Inhalt eines elektronischen Datenübertragungsvorgangs komplett und korrekt zu sein scheint, ohne Schaden für jede folgende Erwägung oder Handlung, die der Inhalt des Übertragungsvorgangs gewährleisten kann (Art. 2.e. ‚Definition zum Begriff „Bestätigung“ – in Englisch: confirmation –, CMI Rules).

Der Zugang einer Erklärung setzt nicht nur voraus, daß sie in den Bereich des Empfängers gelangt ist, sondern auch, daß der Empfänger unter normalen Verhältnissen die Möglichkeit hat, vom Inhalt der Erklärung Kenntnis zu nehmen.[38] Die Frage der intellektuellen Zugangsmöglichkeit stellt sich insbesondere dann, wenn Schlüsselzeichen (Ziffern, Buchstaben und Symbole) zur inhaltlichen Kennzeichnung in automatisierten Erklärungen verwendet werden, deren Bedeutung an anderer Stelle „kleingedruckt“ erläutert wird. Dies wirft die Frage auf, welche Anforderungen an die Verständlichkeit dieser Darstellungsform gestellt werden bzw. welche Anstrengungen dem Empfänger zuzumuten sind, den Inhalt zu erfassen, um Zugang im Rechtssinne anzunehmen. Dabei sind zwei Fälle zu differenzieren:

- Ist der Empfänger professioneller EDV-Anwender, werden die eingegangenen Erklärungen EDV-mäßig (meist unter Einsatz von Lesegeräten) weiterverarbeitet. Gegen die Verwendung von Schlüsselzeichen ist nichts einzuwenden, weil sie auch im Interesse des Empfängers an rationeller Arbeitserledigung erfolgt.
- Dagegen sind strengere Maßstäbe im Verhältnis zu Privatpersonen (Verbraucher, die die EDV nicht professionell nutzen) als Empfänger anzulegen, eine Fallgruppe, die im internationalen Handelsverkehr allerdings sehr selten vorkommen dürfte. Als Maßstab können die §§ 2, 5 AGBG zwar nicht unmittelbar herangezogen werden, denn es handelt sich bei Schlüsselzeichen und den dazu gegebenen Erläuterungen um keine Allgemeinen Geschäftsbedingungen. Aber eine entsprechende Anwendung ist doch gerechtfertigt,[39] weil hinter dieser Darstellungsform das Rationalisierungsinteresse des Datenab-

37 Fritzemeyer/Heun, CR 1992, 130.

38 BGH 67, 275; NJW 80, 900; 83, 930; BAG NJW 84, 1651; Palandt-Heinrichs, BGB § 130 Rn. 5.

39 Köhler, AcP 182 (1982), 141.

senders steht, für eine Vielzahl von Erklärungen mit nur einem Formular auszukommen. Um Zugang einer automatisierten Erklärung, die Schlüsselzeichen enthält, annehmen zu können, muß der Empfänger in zumutbarer Weise von der Bedeutung der Schlüsselzeichen Kenntnis nehmen können. Dies setzt voraus, daß die Erläuterungen mühelos lesbar, übersichtlich und für einen durchschnittlichen Empfänger verständlich und eindeutig sind.[40] Zur Entschlüsselung kann es dem Empfänger nicht angesonnen werden, Dritte hinzuzuziehen oder beim Erklärenden rückzufragen.[41] Insoweit gehen Zweifel zu Lasten des Erklärenden.

c) Widerrufsmöglichkeit und Anfechtbarkeit elektronischer Willenserklärung bei Transportdokumentation

Die weiteren Probleme im Rahmen der elektronischen Datenübermittlung bei Transportdokumentation sind die Fragen nach dem Widerruf und der Anfechtung einer Erklärung.

aa) Widerruf elektronischer Willenserklärung bei Transportdokumentation

Eine Willenserklärung kann trotz der Absendung widerrufen werden, wenn dem Empfänger vor dem Zugang oder gleichzeitig mit diesem ein Widerruf zugeht (§ 130 I 2 BGB). In tatsächlicher Hinsicht bedeutet dies, daß bei EDI-Datenübermittlung die mögliche Widerrufszeit im ungünstigsten Fall auf Null schrumpfen kann, wenn die Übertragung ohne Zeitverlust erfolgt. Damit steigt das Maß der Sorgfaltsanforderungen bei der Transportdokumentation. Allerdings gilt auch unter den Bedingungen der elektronischen Datenübertragung die geltende Rechtslage ohne weiteres fort: geht ein Widerruf gleichzeitig zu, ist er auch dann wirksam, wenn der Empfänger zunächst von der Erklärung Kenntnis nimmt.[42] Der verspätet zugegangene Widerruf bleibt auch dann wirkungslos, wenn der Empfänger von ihm gleichzeitig mit oder gar vor der Erklärung Kenntnis erhält.[43] Derartige Fallkonstellationen sind auch im elektronischen Zeitalter denkbar, insbesondere dann, wenn – wie dargestellt – feste „Zugangszeiten“ vereinbart wurden. Da § 130 Abs.1 S. 2 BGB dispositives Recht ist, empfiehlt sich ohnehin eine individuelle, vom Gesetz abweichende Regelung dieses Problems.[44]

---

40 Ulmer/Brandner/Hensen, AGBG § 2 Rn. 44; Palandt-Heinrichs, AGBG § 2 Rn. 9 ff.; BGHZ 70, 309; "in menschlicher Sprache auf einem Bildschirm zu sehen oder ausgedruckt bei einem Computer", Art. 11 Satz 1 CMI Rules.

41 Köhler, AcP 182 (1982), 142.

42 BGH NJW 1975, 382, (384).

43 RGZ 91,63.

44 Palandt-Heinrichs, § 130 Rn. 11.

bb) Anfechtung elektronischer Willenserklärung bei Transportdokumentation

Ist dem Erklärenden bei seiner Willenserklärung ein Irrtum unterlaufen, so räumt das deutsche Gesetz (§§ 119 ff. BGB) ihm unter bestimmten Voraussetzungen ein Anfechtungsrecht ein. Dies ist grundsätzlich auch bei elektronischer Willenserklärung möglich.

Mängel elektronischer Willenserklärungen bei Transportdokumentation können unterschiedliche Ursachen haben, wobei sogenannte "Maschinenfehler"[45] bzw. unrichtige Ergebnisse infolge technischer Defekte beim heutigen Stande der Datenverarbeitungstechnik ausgeschlossen sind.[46]

In der Regel sind folgende drei Fehlerquellen zu unterscheiden:

Erstens: Bei der Fertigstellung einer elektronischen Erklärung im Transportdokument wurde fehlerhaftes Datenmaterial verwendet. In diesem Fall ist der Erklärende zur Anfechtung grundsätzlich nicht berechtigt, weil es sich um einen bloßen Motivirrtum handelt.[47] Hat der Erklärungsempfänger aber vorsätzlich falsche Daten über eine verkehrswesentliche Eigenschaft der Sache zur Verfügung gestellt (z.B. falsche Angaben über Menge, Art, Gattung und Beschaffenheit der abgegebenen Waren), ist der Erklärende bzw. Dokumentaussteller zur Anfechtung elektronischer Erklärung wegen arglistiger Täuschung (§ 123 BGB) berechtigt.

Zweitens: Bei der Fertigstellung und Übertragung einer elektronischen Willenserklärung im Transportdokument wurden fehlerhafte Programme verwendet. Die Programmfehler, die auf unterschiedlichen Ursachen (z.B. Mißverständnisse zwischen Anwender und Programmierer, Codierversehen, logische und syntaktische Fehler bei der Programmerstellung) beruhen können, sind als sog. Kalkulationsirrtümer[48] den grundsätzlich unbeachtlichen Motivirrtümern zuzuordnen.[49] Solche elektronische Willenserklärungen sind sodann nicht anfechtbar. Jedoch kann der wahre Wille des Erklärenden bzw. Dokumentausstellers nach anderen Grundsätzen, wie falsa demonstratio, offener Kalkulationsirrtum, berücksichtigt werden.

Drittens: Am häufigsten in der Praxis der elektronischen Datenübermittlung kommen Eingabe- und Bedienungsfehler vor. Die dadurch beeinflußten Erklärungen sind der Hauptmeinung in der Literatur nach[50] wegen Irrtums in der Erklärungshandlung (§ 119 Abs. 1 Fall 2 BGB) anfechtbar, weil der Erklärende bzw. sein Gehilfe bei seiner zur Abgabe der Erklärung erforderlichen und diese begründenden Handlung geirrt hat.

---

45 Staudinger-Dilcher, BGB Vorbem. zu § 116 Rn. 8.

46 Weigel, EDV-Sofware, S. 864.

47 Palandt-Heinrichs, BGB § 119 Rn. 29; Köhler, AcP 182 (1982), 135.

48 Viebke, Willenserklärung, S. 107 ff.

49 Staudinger-Dilcher, BGB Vorbem. zu § 116 Rn. 8; Zuther, Willenserklärung, S. 111 ff.

50 Staudinger-Dilcher, BGB Vorbem. zu § 116 Rn. 8; Zuther, Willenserklärung, S. 116 ff.; Palandt-Heinrichs, BGB § 119 Rn. 10; a.A. Köhler, AcP 182 (1982), 136, m.w.N.

3. Beweiswert elektronischer Transportdokumente

a) Prozeßrechtliche Einordnung des elektronischen Transportdokuments als Beweismittel

Die Frage des Beweiswerts elektronischer Transportdokumente stellt sich vor allem im Zivilprozeßrecht ganz allgemein bei jedem Einsatz von EDI und ist somit nicht bereichsspezifisch. Als unpersönliche Streng-Beweismittel nach jetzigen Gesetzen kommt für EDI-Dokumente nur eine Klassifizierung als Privaturkunde im Sinne von § 416 ZPO oder als Augenscheinsobjekt nach § 371 ZPO in Betracht.

aa) Elektronisches Transportdokument als Privaturkunde?

Eine Privaturkunde ist, wie jede Urkunde, die schriftliche Verkörperung eines Gedankens.[51]

Eine Privaturkunde im Sinne von § 416 ZPO erbringt vollen Beweis dafür, daß die in der Urkunde enthaltenen Erklärungen von deren Aussteller stammen, sofern sie von diesem unterschrieben ist (formelle Beweiskraft). Jedoch ist sie nicht mit dem Beweis für die inhaltliche Richtigkeit der in der Urkunde enthaltenen Erklärung (materielle Beweiskraft) gleichzusetzen. Die Unterschrift muß den Aussteller erkennen lassen, während dabei weder eine eigenhändige noch eine handschriftliche Unterschrift verlangt wird. Je nach Lage des Falles genügen auch eine Unterstempelung, ein Telegramm, ein Fernschreiben oder ein Telebrief.[52]

Wie oben[53] erwähnt, besteht bis jetzt noch keine ausdrückliche gesetzliche Anerkennung einer EDI-Urkunde. Außerdem fehlt es elektronischen Transportdokumenten an der für die Begründung der Urkundseigenschaft erforderlichen schriftlichen Verkörperung der in ihr enthaltenen Gedankenerklärung.[54] Überdies wird eine "elektronische Unterschrift" bislang nach geltendem Recht auch nicht anerkannt.[55]

Demnach ist ein elektronisches Transportdokument keine Privaturkunde im Sinne von § 416 ZPO und hat sodann keinen entsprechenden Beweiswert.

bb) Elektronisches Transportdokument als Augenscheinsobjekt

In Ermangelung einer dem § 416 ZPO entsprechenden Vorschrift für "elektronische Urkunden" und "elektronische Unterschrift" kann ein elektronisches

---

51 Baumbach/Lauterbach/Albers/Hartmann-Hartmann, ZPO Übersicht vor § 415 Rn. 1.

52 Umstritten. Baumbach/Lauterbach/Albers/Hartmann-Hartmann, ZPO § 416 Rn. 1 B m.w.N.

53 S.o. § 7 I. 2.

54 Fritzemeyer/Heun, CR 1992, 132; Raubenheimer, CR 1993, 19.

55 S.u. § 8 I. 1. m.w.N.

Transportdokument nur Gegenstand eines Beweises durch Augenschein (§§ 371 ff. ZPO) sein[56] und unterliegt damit von vorneherein der freien richterlichen Beweiswürdigung nach § 286 ZPO.[57]

b) Elektronisches Transportdokument als Beweismittel kraft Parteiwillens

Solange die elektronische Urkunde nicht gesetzlich als Beweismittel anerkannt ist, ist es empfehlenswert, daß die Parteien einer EDI-Verbindung den genauen Inhalt einer EDI-Urkunde durch einen – ohne weiteres zulässigen – Beweismittelvertrag vereinbaren und sich gegenseitig verpflichten, die entsprechend hergestellten und übersandten EDI-Urkunden uneingeschränkt als Beweismittel anzuerkennen.[58] Dies ist der sicherste Weg, um elektronische Transportdokumente als Beweismittel auch vor Gericht durchsetzbar zu machen. Allerdings kann eine solche Vereinbarung die Beweismittel der ZPO nicht erweitern[59] und darf die freie Beweiswürdigung durch das Gericht (§ 286 ZPO) nicht betreffen.[60]

Außerdem ist es auch von entscheidender Bedeutung, daß ein technisches Verschlüsselungsverfahren von den Beteiligten festgelegt wird, welches sowohl die einwandfreie Identifikation des Absenders durch elektronische Unterschrift[61] ermöglicht als auch nachträgliche Manipulationen ausschließt. Heute existieren bereits Verschlüsselungsverfahren, z.B. das RSA-Verfahren.[62] Angesichts dieser Fälschungssicherheit wird bereits angenommen, daß ein derartig verschlüsseltes EDI-Dokument die gesetzlichen Anforderungen für Privaturkunden nach § 416 ZPO erfülle und damit formelle Beweiskraft besitze.[63] Jedoch ergeben sich Probleme immer noch daraus, daß EDI-Dokumente unverkörperte Gedankenerklärungen darstellen, während der zivilprozessuale Urkundsbegriff hingegen deren Verkörperung und mithin Schriftlichkeit erfordert.[64] Im Prozeß kann die Vorlage einer dergestalt definierten und von den Parteien gegenseitig anerkannten EDI-Urkunde zunächst im Wege eines ersten Computerausdrucks[65] erfolgen. Gegen den möglicherweise trotzdem erfolgenden Manipulationseinwand des Prozeßgegners wird der fragliche Datenbestand gegebenenfalls von einem Sachverständigen auf die Einhaltung des vereinbar-

56 Fritzemeyer/Heun, CR 1992, 132; Raubenheimer, CR 1993, 20.

57 EG-Kommission (Hrsg.), Electronic Data Interchange, S. 65 f.; Fritzemeyer/Heun, CR 1992, 132; Raubenheimer, CR 1993, 20; Goebel/Scheller, Unterschriftsverfahren, S. 40.

58 Sogenannter Prozeßvertrag, Thomas/Putzo, ZPO vor § 284 Rn. 8; Fritzemeyer/Heun, CR 1992, 132.

59 Fritzemeyer/Heun, CR 1992, 132.

60 RGZ 96, 59, m.w.N.; Thomas/Putzo, ZPO vor § 284 Rn. 8.

61 S.u. § 8 III. m.w.N.

62 S.u. § 8 III. 1. m.w.N.

63 Von Sponeck, CR 1991, 272 ff.

64 Goebel/Scheller, Unterschriftsverfahren, S. 39 f.

65 S.o. § 7 I. 2.

ten Verschlüsselungsverfahrens überprüft und dies vom Richter gewürdigt (§ 286 ZPO).

c) *Konsequenzen für die Gesetzgebung*

aa) Deutsches Recht

De lege lata ist das elektronische Transportdokument als Beweismittel bzw. Privaturkunde im Sinne der ZPO nicht anerkannt.[66] Denkbar ist, durch den Abschluß eines (Prozeß-)Vertrages das elektronische Transportdokument als zulässiges Beweismittel auch in prozessualen Auseinandersetzungen zu verwenden. Diese Lösung setzt allerdings voraus, daß beide Parteien damit einverstanden sind. Sollte eine Partei nicht einverstanden sein, ist eine solche Möglichkeit wenig hilfreich. Zudem können gegen Urkunden dieser Art im Prozeß Einwendungen erhoben werden, die nicht nur ihre formelle Gültigkeit, sondern auch ihren materiellen Gehalt betreffen. Darüber hinaus ist es nicht möglich, im Wege des Prozeßvertrages die Regel über die richterliche Beweiswürdigung (§ 286 ZPO) außer Kraft zu setzen.

Dies bedeutet de lege ferenda, daß es sinnvoll und zweckmäßig ist, in das deutsche Recht Regeln einzufügen, die die Urkundsqualität elektronischer Dokumente sichern. Dies kann dadurch geschehen, daß die ZPO entsprechend ergänzt wird, so etwa dadurch, daß in das zweite Buch der ZPO in dem neunten Titel (Beweis durch Urkunden) eine Vorschrift eingefügt wird, die elektronischen Dokumenten die Beweiskraft von Privaturkunden gibt. Denkbar ist auch, § 416 ZPO durch einen entsprechenden Absatz zu ergänzen.

bb) Internationale Übereinkommen

Das entsprechende Problem wurde auf internationaler Ebene von einschlägigen Fachkreisen seit längerer Zeit erörtert und fand seinen Niederschlag in den CMI Rules for Electronic Bills of Lading (Art. 11 CMI Rules). Dort ist festgelegt, daß elektronische Daten, die von Verfrachtern und Abladern bzw. sonstigen beteiligten Parteien eingeführt werden, auf einem entsprechenden Speichermedium entweder auf dem Wege über die menschliche Sprache auf einem Bildschirm oder als Computerausdrucke zur Verfügung stehen, wenn die jeweils geltende Rechtsordnung dies verlangt. Mit der Anerkennung dieser Regeln verzichten die Parteien auf den prozessualen Einwand, daß der Vertrag nicht in Schriftform vorgelegen habe. Damit ist auf internationaler Ebene eine vertragliche Regelung gefunden, die die Beteiligten bindet und es ermöglicht, elektronisch gespeicherte Daten auch dann als Beweisurkunden in eine prozessuale Auseinandersetzung einzuführen, wenn die vom Gesetz geforderten Voraussetzungen nicht gegeben sind.

---

66 S.o. § 7 II. 3. a. aa.

Der rechtliche Kern dieser Regelungen ist das Konzept vom "Inhaber", der das Kontroll- und Übertragungsrecht hat. Er ist die einzige Partei,

- die von dem Verfrachter die Auslieferung der Güter verlangen kann;
- den Empfänger benennt oder eine andere Partei oder selbst die bereits ernannte Partei ersetzen kann;
- das Kontroll- und Übertragungsrecht an eine andere Partei übertragen kann;
- und dem Verfrachter jede Art der Anweisung geben kann, die den Bedingungen des Frachtvertrages entspricht und mit den beförderten Gütern in Zusammenhang steht.

Da es bei der EDV-Transportdokumentation kein Papier gibt, muß der Inhaber einen Privatschlüssel besitzen. Ein Privatschlüssel ist "jede technisch geeignete (entsprechende) Methode, z.B. eine Kombination von Nummern oder Buchstaben, die die Parteien für die Beschaffung (Sicherung) der Authentizität und Integrität einer Übertragung vereinbaren".[67]

Der Besitz eines einzigen und greifbaren Papiers wird durch die exklusive und persönliche Kenntnisnahme eines geheimen Schlüssels (Kodex) ersetzt, der alleine letztlich den Zugriff auf die beförderten Güter ermöglicht.

Diese Regelungen haben ein anerkanntes System der Transportdokumentation ohne Einsatz von Papierdokumenten geschaffen. Das ist ein großer Erfolg, vor allem deswegen, weil Experten auf diesem Gebiet die Unmöglichkeit einer papierlosen Transportdokumentation behauptet haben.

Außerdem ist es nach diesen Bestimmungen möglich, mit anderen Parteien entweder indirekt durch Registrierung und Hinterlegung von Konnossementen (wie im Sea Docs-Projekt[68]) oder direkt durch ein offenes System[69] zu kommunizieren. Die Auswahl der Kommunikationsart liegt ganz allein bei den beteiligten Parteien.

III. Sonderrechtsproblem des elektronischen Konnossements

1. Übertragung der Rechte an Waren auf dem Transport (Negotiabilität)

a) Bedeutung der Negotiabilität

Nach moderner Auffassung ist der Konnossementsinhaber in der Lage, durch das Konnossement über die Güter auf dem Transport zu verfügen. Da und solange er die über die Güter ausgestellte Konnossementsurkunde in Händen hat,[70] kann er die Güter veräußern, verpfänden oder sonst über sie disponieren (Versteigerung im Wege des Selbsthilfeverkaufs[71]). Der legitimierte Konnos-

67 Englischer Text siehe Art. 2 f. CMI Rules.
68 S.o. § 6 III. 1. c.
69 S.o. § 6 III. 2. b.
70 Schaps/Abraham, SeeR, § 650 Rn. 2.
71 RG DJZ 1896, 541.

sementsinhaber ist Besitzer der Güter, jedoch nicht unmittelbarer Besitzer, sondern nur mittelbarer Besitzer im Sinne des § 868 BGB. Er übt nämlich die in § 854 BGB geforderte tatsächliche Gewalt nicht selbst aus, sondern durch den Verfrachter.[72]

Die Voraussetzungen für die Wirkung der Übergabe des Papiers an denjenigen, der dadurch zur Empfangnahme legitimiert wird, sind:[73]

- Die Güter wurden von dem Kapitän oder einem anderen Vertreter des Verfrachters oder, wie sich von selbst versteht, von diesem selbst zur Beförderung übernommen.
- Die Güter befinden sich noch im unmittelbaren Fremdbesitz, je nach Sachlage, des Verfrachters, der Kaianstalt, des Lagerhalters.

Die Wirkung der Übergabe des Papiers ist, daß der Konnossementsnehmer an den Gütern dieselben Rechte erwirbt, die er durch die Übergabe der Güter selbst erworben hätte.

Der legitimierte Konnossementsinhaber ist zwar mittelbarer Besitzer des Gutes, aber die Übertragung des mittelbaren Besitzes hat nicht unmittelbar etwas mit der Traditionswirkung zu tun.[74] Für die Traditionswirkung kommt vielmehr nur das dingliche Vollrecht in Betracht, namentlich das Eigentum (§ 929 BGB) für den Käufer bei vorliegender Einigung der beiden Beteiligten.

Die Traditionswirkung ist außer für das Eigentum vornehmlich von Bedeutung für ein vertragmäßiges Pfandrecht (§ 1205 BGB), ein gesetzliches Pfandrecht (§§ 397, 410, 421 HGB) und ein kaufmännisches Zurückbehaltungsrecht (§ 369 HGB).

Die dritte Voraussetzung, nämlich die Übergabe des Konnossements, ist sehr wichtig für den internationalen Handel, weil der Besitzer des Originalkonnossements die Waren vom Verfrachter herausfordern kann. Demnach ist es das Papierdokument als solches, das einen Dritten in die vertragsmäßige Beziehung mit dem Verfrachter bringt, indem der Dritte einen Herausgabeanspruch durch die Übergabe des Papiers erlangt. Darüber hinaus kann ein Papierdokument es auch ermöglichen, daß der Käufer der Waren dem nächsten Käufer nur durch die Übergabe des Papiers das Recht abtritt, die Waren vom Verfrachter zu verlangen.[75]

Infolge der Tatsache, daß die Rechte an den Waren durch die Übergabe des Papierdokuments übertragen werden können, ähnelt das Konnossement einer begebbaren Urkunde. Jedoch verschafft das Konnossement seinem Inhaber nur das Recht, die Herausgabe der Waren vom Verfrachter zu verlangen. Demnach wird das Konnossement manchmal als quasi-negotiables Dokument bezeichnet.

Ein ordentliches negotiables Konnossement hat somit – wie erörtert – große wirtschaftliche Bedeutung.[76]

---

72 Schaps/Abraham, SeeR, § 650 Rn. 2.

73 S.o. § 2 II. 1. f. bb.

74 Bestr. Schaps/Abraham, SeeR, § 650 Rn. 16; a.A. Wüstendörfer, Seehandelsrecht, S. 325.

75 Ramberg, in: Schmitthoff/Woode, International Carriage of Goods, S. 186.

76 S.o. § 3 I. 4.

b) Übereinstimmung von Fracht- und Kaufverträgen

aa) Kommerzielle Praxis und Handelsbräuche

Die kommerzielle Praxis und Handelsbräuche verlangen die Übereinstimmung von Fracht- und Kaufverträgen.[77] Beim FOB (Free on Board) Vertrag verpflichtet sich der Verkäufer nur, die Waren zum Hafen zu transportieren. Daneben schließt der Verkäufer häufig auch den Frachtvertrag ab, freilich im Namen und für Rechnung des Käufers. Der Grund liegt darin, daß es für den Verkäufer wesentlich einfacher ist, einen entsprechenden Frachtvertrag mit dem Verfrachter zu schließen.

Beim C&F (Cost and Freight) oder CIF (Cost, Insurance and Freight) Vertrag hat der Verkäufer einen Frachtvertrag auf eigene Rechnung abzuschließen und die Frachtkosten zu bezahlen, wobei er bei CIF zusätzlich auf eigene Rechnung einen Versicherungsvertrag abzuschließen hat. Somit hat der Käufer hier keine direkte Beziehung zu dem Verfrachter und dem Versicherer, obwohl er, und nicht der Verkäufer, die Risiken von Verlust und Schaden für die Waren auf dem Transport trägt .

Der Kernpunkt der C&F und CIF Verträge liegt in der besonderen Spaltung der Funktionen, bzw. Kosten und Risiken zwischen dem Verkäufer und Käufer.

Während sich die Spaltung beim FOB-Vertrag an ein und demselben Zeitpunkt ereignet, und zwar "at the ship's rail", enthalten C&F und CIF Verträge zwei verschiedene Zeitpunkte, einer betrifft Funktionen und Risiken, der andere betrifft den Zeitpunkt, auf den der Verkäufer Kosten für Fracht und Versicherung beziehen wird. Es ergibt sich demnach ein bedeutendes Rechtsproblem, das es als notwendig erscheinen läßt, daß die C&F und CIF Käufer einen eigenen Anspruch gegen Verfrachter und Versicherer erhalten, unabhängig von den vom Verfrachter in eigenem Namen abgeschlossenen Fracht- bzw. Versicherungsverträgen, bei denen sie nicht Partei sind.

bb) Wichtige Rolle des Konnossements bei den C&F und CIF Verträgen

Nach den C&F und CIF Vertragsformeln muß der Verkäufer dem Käufer ein reines negotiables Konnossement für den vereinbarten Bestimmungshafen gewähren (liefern), sobald die Güter an Bord gekommen sind. Nach den bei CIF handelsüblichen Formeln muß der Verkäufer noch eine Police der Seetransportversicherung gegen die Transportrisiken beschaffen. Eine solche Police muß auch abtretbar sein.

Die bereits beschriebene Handelspraxis zeigt, wie der Käufer ein selbständiges Recht erlangt, um die Herausgabe der Güter vom Verfrachter zu verlangen und im Falle des Verlustes oder Schadens Schadensersatz von dem Verfrachter und dem Versicherer zu fordern. Außerdem kann der Käufer anderen Parteien

---

77 Ramberg, in: Thomsen/Wheble, EDI, S. 187 ff.

dieses Recht auch abtreten, indem er das Konnossement und die Police der Seetransportversicherung übergibt, wenn auch immer die Güter auf dem Transport verkauft werden sollen.

Um den Verkauf der Güter auf dem Transport zu erleichtern, kann der Verkäufer auch mehr als ein Exemplar des Konnossements austellen lassen. Jedoch müssen die sämtlichen Exemplare als solche erkennbar sein; sie stellen ein einziges Konnossement dar. Der Verkäufer kann dann somit das einzige Konnossement gleichzeitig an zwei oder drei Orten anbieten. Damit erhöhen sich die Verkaufschancen und die Chancen, einen besseren Preis zu erzielen. Bei der Klausel "Kasse gegen Dokumente" und beim Dokumenten-Akkreditiv ist der "full-set" anzudienen, also sämtliche Konnossementsausfertigungen.[78]

2. *Bewahrung der Negotiabilität eines Konnossements bei elektronischer Übertragung*

Wenn es nur um ein "normales Transportdokument" geht, ist es nicht schwierig, die Daten solcher Dokumente bei der elektronischen Übermittlung zu verarbeiten. Die EDV-Entwicklung veranlaßte die ICC Commission zu einer neuen Revision der Incoterms 1980. Das Haupthindernis der Revisionsarbeit ist die Negotiabilität (oder Übertragbarkeit oder Abtretbarkeit) des Konnossements. Wie kann man das Problem der Übertragbarkeit, statt durch ein Stück Transportpapier, durch elektronische Übermittlung lösen?

Der Besitz eines originalen Konnossements repräsentiert den Besitz eines einzigen und einzelnen physischen Objekts. Diese Situation muß elektronisch durch Verschaffung eines ebenfalls einzelnen elektronischen Schlüssels nachgebildet werden. Ein solcher elektronischer Schlüssel ermöglicht den Zugang zur EDV und damit die Änderung der Namen von Empfängern.[79]

Wenn man einen solchen Schlüssel mit einem einzigen Stück Papier bindet, kann man dann keinen besonderen Vorteil der neuen Technologie feststellen, denn die gleiche Schwierigkeit befindet sich hier wie beim traditionellen Konnossement, das durch Post geschickt werden muß und somit zu spät am Bestimmungshafen ankommt. Der wesentliche Nachteil des Papier-Konnossements besteht weiter.[80]

Der Schlüssel selbst muß somit in einem Verbundnetz elektronisch übermittelt werden können. Dies ist durch Anwendung der Encryption-Technik erreichbar.[81] Das Verfahren der Übertragung der Rechte an Waren auf dem Transport durch elektronische Übermittlung könnte wie folgt laufen:

Der Verfrachter übersendet dem Absender elektronisch eine Empfangsnachricht, die die folgenden Informationen (Art. 4 b. CMI Rules) enthalten sollte:

---

78 RGZ 98, 164.

79 Grönfors, in. Schmitthoff/Goode, International Carriage of Goods, S. 32.

80 Doc ECE TRADE/WP4/R422, 30 June 1986.

81 Henriksen, Paperless Trade and Transport, S. 122 ff.

i. den Namen des Absenders; ii. die Güterbeschreibungen, die ein Papier-Konnossement enthalten muß; iii. Datum und Ort des Güterempfangs; iv. Verweis auf die Bedingungen des Verfrachters und die Frachtklauseln; v. den Privatschlüssel, der in folgenden Transaktionen benutzt wird. Der Absender muß dem Verfrachter den Nachrichtenempfang bestätigen. Aufgrund solcher Bestätigung ist der Absender ein Inhaber (holder) (Art. 4 b. CMI Rules), der durch den Besitz eines gültigen Privatschlüssels zu den Rechten der Kontrolle und Übertragung berechtigt ist (Art. 7 CMI Rules).

Um einem potentiellen neuen Inhaber die Kontroll- und Übertragungsrechte zu übertragen, teilt der gegenwärtige Inhaber dem Verfrachter seine Übertragungsabsicht mit. Der Verfrachter soll dann den Empfang dieser Mitteilung vom jetzigen Inhaber bestätigen und den neuen Inhaber neu informieren. Der potentielle Inhaber soll den Verfrachter über seine Bereitschaft zur Übernahme der Kontroll- und Übertragungsrechte unterrichten. Danach soll der Verfrachter den alten Privatschlüssel vernichten und dem neuen Inhaber einen neuen Privatschlüssel herstellen.

Wenn der potentielle neue Inhaber dem Verfrachter mitteilt, daß er die Rechte nicht übernimmt, oder wenn er innerhalb einer angemessenen Zeit versäumt, seine Übernahmebereitschaft zu bestätigen, findet die beabsichtigte Rechtsübertragung nicht statt. Der Verfrachter soll dies dem jetzigen Inhaber folglich mitteilen. Der gegenwärtige Privatschlüssel behält seine Gültigkeit.

Somit ist es möglich, mit einem einzigen elektronischen Privatschlüssel in dem Verbundnetz die Rechte an Waren auf dem Transport zu übertragen wie mit einem originalen Papier-Konnossement.

3. *Entwicklung der internationalen Vereinheitlichung über die elektronischen Konnossemente*

In der Überzeugung, daß die elektronischen Konnossemente in den nächsten Jahren ausgestellt würden, hat das Comité Maritime International (CMI)[82] die mit solchen Dokumenten gebundenen Rechtsfragen erforscht. Seit 1986 beschäftigte sich das CMI aufgrund des Verlangens von John C. Moore, des Präsidenten des Komitees für die Güterbeförderung des Seefrachtsverbandes in den Vereinigten Staaten[83], mit dem Thema "ELECTRODOCS"[84] innerhalb eines CMI Unterkomitees, das sich mit dem Seefrachtbrief (nichtnegotiables Konnossement) befaßt. Dieses Thema wurde 1988 einem neuen CMI Unterkomitee, geleitet von Prof. Ramberg von der Universität Stockholm, zugeleitet, das sich mit dem Thema "Elektronische Übertragung der Rechte an Waren auf dem Transport" beschäftigte.

82 Das CMI ist eine Zusammensetzung von mehr als 50 nationalen Seerechtsverbänden.

83 The Committee on the Carriage of Goods of the Maritime Law Association of the United States.

84 Formeller Titel: Uniform Rules for an Electronics Bill of Lading, Waybill or other Transport Document.

Auf der 34. CMI-Konferenz in Paris 1990 hat das dritte Komitee 'Elektronische Übertragung der Rechte an Waren auf dem Transport' mit Zustimmungen der beteiligten Staaten "die Regeln über elektronische Konnossemente" ("CMI Rules for Electronic Bills of Lading")[85] verabschiedet. Dieses internationale Übereinkommen ist sehr bedeutend, denn es sind zum ersten Mal in der Geschichte Bestimmungen über elektronische Konnossemente geschaffen worden.

Ebenfalls haben die Incoterms 1990 die vorauszusehende Entwicklung der Ersetzung des Konnossements in naher Zukunft durch EDI-Mitteilungen in angemessener Weise berücksichtigt.[86]

Zwischenergebnis zu § 7

Im Wege der Entwicklung moderner Kommunikationstechniken wurde sowohl theoretisch als auch in der Praxis versucht, Transportdokumente aus Papier durch elektronische Dokumente zu ersetzen, um das Papier völlig überflüssig zu machen. Diese vollständige Entmaterialisierung der Transportdokumentation kollidiert mit vielen Rechtsvorschriften. Zwar läßt sich ein elektronisches Transportdokument aufgrund der fehlenden Rechtsgrundlage leicht definieren, nach dem geltenden Recht müssen jedoch bestimmte Arten von Transportdokumenten in Papierform ausgestellt werden. Die Einführung von neuen EDV-Systemen zwingt nicht ohne weiteres zu einer Anpassung der gesetzlichen Bestimmungen, weil die neue Technik in Übereinstimmung mit dem geltenden Recht steht, indem sie den mit diesen Bestimmungen verfolgten Zweck nicht widerspricht. Außerdem ist eine elektronisch übermittelte Willenserklärung bei der Transportdokumentation genau so wirksam wie eine auf einem Papierdokument per Post übermittelte Willenserklärung, jedoch schneller bzw. effektiver. Schließlich besitzt ein elektronisches Transportdokument auch Beweiswert, obwohl dies technisch noch zu sichern und gesetzlich zu regeln ist.

Besonders wichtig ist die Fähigkeit zur Übertragung der Rechte an Waren auf dem Transport sowie die Wertpapiereigenschaft eines elektronischen Konnossements. Aufgrund der technischen Fortentwicklung ist die Bewahrung der Negotiabilität eines Konnossements durch elektronische Übertragung möglich. International ist das elektronische Konnossement bereits durch Übereinkommen ausgestaltet worden. Die nationalen Gesetzgebungen sollten dies nachholen.

85 Text siehe Anhang 2; Geschichte siehe Grönfors, Sea Waybills, S. 81.

86 A 8 CIF von Incoterms 1990.

§ 8 Elektronische Unterschrift im Rahmen der Transportdokumentation

I. Unterschriftserfordernisse für die Transportdokumentation

Im Bereich der elektronischen Transportdokumentation ergeben sich eigenständige Probleme nur dort, wo die Parteien an der Verwendung von Dokumenten festhalten müssen, während diese Papiere mit Textautomaten bzw. Computern hergestellt und nicht mehr eigenhändig unterschrieben werden.

1. Gesetzliche Grundlagen

a) Deutsches Recht

Für die Praxis ist es in den verschiedenen Transportbereichen von unterschiedlicher Bedeutung, ob die Warenpapiere eine Unterschrift tragen.

Im Landtransport ist die Unterschrift nur für die Frachtbriefe des Straßen- und Binnenschiffahrtsverkehrs nach § 426 Abs. 2 Nr. 9 HGB und § 11 Abs. 1 f) KVO vorgeschrieben. Dagegen bedarf es keiner Unterzeichnung der Eisenbahnwarenpapiere nach § 56 Abs. 1 lit. d) EVO für Transporte, die an deutschen Versandbahnhöfen mit in- oder ausländischem Ziel beginnen.[1]

Für begebbare Warendokumente ist die Regelung uneinheitlich: Während § 445 Abs. 2 HGB für den Ladeschein und § 38 Abs. 2 Nr. 8 OLSchVO für den Orderlagerschein ausdrücklich eine Unterschrift erfordern, fehlt eine entsprechende Bestimmung für das Konnossement im Seehandelsrecht.

Die gesetzliche Schriftform des § 126 Abs. 1 BGB verlangt, daß die Urkunde vom Aussteller eigenhändig durch Namensunterschrift oder mittels notariell beglaubigten Handzeichens unterzeichnet wird.

In der Literatur[2] wird die Meinung vertreten, daß die nicht unterzeichneten Konnossemente im Hinblick auf § 126 BGB nichtig seien (§ 125 S. 1 BGB). Anderer Auffassung[3] nach sei die eigenhändige Unterschrift wegen entsprechenden Schiffahrtsbrauches entbehrlich, oder es reiche in Analogie zu § 426 Abs. 2 Nr. 9 HGB eine Stempel- oder Faksimileunterschrift aus.

Da das Konnossement den Charakter eines Wertpapiers hat[4] und sich die Schriftform aus seiner Natur als Wertpapier ergibt, gehört die eigenhändige Unterschrift des Konnossements allerdings auch zur Einhaltung der Schriftform.[5]

---

1 Goltermann, EVO § 56 Rn. 15.

2 Schaps/Abraham, SeeR, § 642 Rn. 11.

3 Schlegelberger-Liesecke, Seehandelsrecht, § 642 Rn. 11.

4 S.o. § 2 I. 1. b.

5 Schaps/Abraham, SeeR, vor § 642 Rn. 4; Prüßmann/Rabe, Seehandelsrecht, § 642 Anm. E.; Schlegelberger-Hefermehl, HGB Anh. § 365 Rn. 174; Dumke, Konnossement, S. 12 f.; Zahn/Eberding/Ehrlich, Zahlungssicherung, S. 119 f.

Grundsätzlich ist bei der Urkundenausstellung wegen der gesetzlich vorgeschriebenen Schriftform ausgeschlossen, daß die Unterschrift gedruckt oder durch Faksimilestempel hergestellt wird.[6]

b) Internationale Übereinkommen

Bei der Landfrachtbeförderung sind die Transportdokumente nach Art. 5 I 1 CMR[7] zu unterschreiben. Gleichfalls verlangt Art. 6 Abs. 2 WA[8] eine Unterzeichnung der Warenpapiere für Luftfrachtbeförderung.

Nach Art. 15 Abs. 1 HR[9] soll die Unterschrift des Beförderers künftig Bestandteil des Konnossements sein.

2. Kommerzielle Gepflogenheiten

Das Unterschreiben von Transportdokumenten kann sowohl aufgrund zwingender nationaler und internationaler Vorschriften als auch mit Rücksicht auf Handelsbräuche erforderlich werden.

1974 nahm die ECE Arbeitsgruppe für Erleichterungen des internationalen Handelsverfahrens eine Untersuchung der Problematik von Unterschriftserleichterungen im internationalen Handels- und Transportwesen auf.[10]

Eine ähnliche Untersuchung wurde 1978 vom The Customs Cooperation Council (CCC) durchgeführt.[11]

Die Untersuchungen haben unter anderem gezeigt, daß sowohl die Dokumente, die der Unterschrift bedürfen, als auch die Grundlagen, die diese erforderlich machen, höchst unterschiedlicher Natur sind.

Eine Gemeinsamkeit weisen die Transportdokumente insoweit auf, als die Unterzeichnung nicht generell durch nationale Gesetzgebung oder internationale Übereinkommen gefordert wird, sondern von den Handelsbräuchen (§ 346 HGB). Die Unterzeichnung derartiger Papiere ist im Geschäftsverkehr die Regel. Allerdings pflegen Handelspartner, die über lange Zeiträume in ständiger Geschäftsbeziehung stehen und dergestalt ein Vertrauensverhältnis aufgebaut haben, auf die Unterschriftsleistung zu verzichten.[12]

---

6 RGZ 74, 339 f.; BGH NJW 70,1078; BGH LM BGB § 125 Nr. 32; Palandt-Heinrichs, BGB § 126 Rn. 7. Beim Frachtbrief ist nach § 426 Abs. 2 Nr. 9 Satz 2 HGB jedoch eine im Wege der mechanischen Vervielfältigung hergestellte Unterschrift genügend.

7 BGBl. 1961 II, S. 1119.

8 BGBl. 1933 II, S. 1039, i.d.F. des Änderungsprotokolls von Den Haag vom 28.9.1955, BGBl. 1958 II, S. 293.

9 S.o. § 1 II. 2. m.w.N. Allerdings ist es noch nicht in Kraft getreten.

10 ECE Doc. Trade/WP 4./GE 2./R. 60, 11.8.1975.

11 CCC Doc. 24. 413 E, 24. 669 E., 24. 713 E, 24. 782 E und 24. 882 E.

12 Henriksen, Paperless Trade and Transport, S. 66.

II. Bedeutung der Unterzeichnung

1. Geschichtliche Entwicklung der Unterschriftserfordernisse

Im römischen Recht hatte die privatschriftliche Urkunde als chirographum (eigenhändige Urkunde, gesiegelte Urkunde) oder cautio (Sicherheitsleistung) beträchtliche Bedeutung. Mit dem Ende der Antike folgte zunächst eine Zeit "begrenzter Schriftlichkeit", in welcher vor allem die durch ein Siegel legitimierte Privaturkunde dominierte.[13]

Erst seit der Mitte des 16. Jahrhunderts ist die manu firmatio, eine vom Aussteller legitimierte Privaturkunde als das instrumentum privatum, wieder voll in Gebrauch.[14]

Im 19. Jahrhundert entstand vor allem im Zusammenhang mit dem Wechselrecht die Dogmatik der eigenhändigen Unterschrift.[15] Die dabei aufgetretenen Probleme sollten durch § 126 BGB geklärt werden.[16]

Im heutigen Massenschriftverkehr bedeutet das Erfordernis eigenhändiger Unterschrift jedoch oftmals die Behinderung einer zügigen Geschäftsabwicklung.

Das Faksimile ist somit in Teilbereichen anstelle eigenhändiger Unterzeichnung verkehrsüblich geworden, jedoch nur dort, wo es vom Gesetz zugelassen ist, wie z.B. bei den Inhaberschuldverschreibungen (§ 793 Abs. 2 Satz 2 BGB). Naturgemäß ist die Forderung der generellen Zulassung für die faksimilierte Unterschrift im schriftlichen Massenverkehr aufgetreten.[17]

Aus den Rationalisierungsbestrebungen im Computer-Zeitalter resultiert ferner das Bedurfnis nach der Zulässigkeit für die elektronische Unterschrift.

Fraglich ist es freilich, ob die elektronische Unterschrift die Funktionen der gesetzlich vorgeschriebenen eigenhändigen Unterzeichnung erfüllen kann. Sind beide Unterschriften gleichwertig, sollte die elektronische Unterzeichnung als eine Sonderart der Schriftform zugelassen werden.

2. Funktionen der eigenhändigen Unterzeichnung

Eigenhändigkeit der Unterschrift bezweckt sowohl die Identifizierung des Erklärenden als auch die Klarstellung und Beweissicherung des Inhalts einer Willenserklärung. Manche Gesetzesbestimmungen schreiben auch die eigenhändige Unterzeichnung vor,[18] um die Erklärenden vor besonderer Gefährlichkeit des Geschäfts zu warnen.[19]

---

13 Holzhauer, Unterschrift, S. 26 f.
14 Holzhauer, Unterschrift, S. 41 f.
15 Holzhauer, Unterschrift, S. 100 f.
16 Holzhauer, Unterschrift, S. 115 f.
17 Köhler, AcP 182 (1982), 147 m.w.N.
18 S.o. § 8 I. 1. a.
19 MüKo-Säcker, BGB § 126 Rn. 1.

a) *Abschlußfunktion*

Eine Unterschrift bringt den Abschluß der Erklärung zum Ausdruck und hebt sie vom bloßen Entwurf ab. Daher ist eine Urkunde unterzeichnet, wenn die Unterschrift räumlich unterhalb des Textes steht, so daß sie sich äußerlich als eine den Inhalt der Urkunde deckende und sie vollendende Willenserklärung darstellt.[20]

b) *Identitätsfunktion*

Die Unterschrift soll die Identität des Ausstellers der Urkunde kenntlich machen (Identitätsfunktion). Da die Nachahmung der individuell gestalteten Unterschrift einer Person schwierig ist, bewirkt der eigenhändige Schriftzug gleichzeitig einen gewissen Schutz vor Fälschungen.[21]

c) *Echtheitsfunktion*

Die Parteien können sich auf die Einhaltung der Schriftform stützen, soweit die Unterschrift vom Erklärenden selbst geleistet worden ist.[22] Zwar decken sich Identitäts- und Echtheitsfunktion teilweise, nämlich insoweit, als es in beiden Fällen um die Authentizität der Unterschrift geht. Die Besonderheit der Echtheitsfunktion gegenüber der Identitätsfunktion besteht jedoch darin, daß der Aussteller nicht nur eine Unterschrift eigenhändig leistet, sondern gleichzeitig zum Ausdruck bringt, daß er den Urkundentext als vollständig und richtig anerkennt (Authentizität des Urkundsinhalts).[23]

d) *Warnfunktion*

Darüber hinaus ist das Unterschreiben auf einem Dokument eine Handlung, die Vorsicht vom Aussteller fordert, denn die dadurch entstandenen Ansprüche können mit Erfolg gegen den Urkundenaussteller geltend gemacht werden. Demnach schützt die Warnfunktion der eigenhändigen Unterschrift den Unterzeichner vor Übereilung.[24]

e) *Beweisfunktion*

Nach § 416 ZPO beweist schließlich die in der vorgeschriebenen Form errichtete Privaturkunde, daß die in ihr enthaltenen Erkärungen vom Aussteller abgege-

---

20 RG 110, 168; RGRK-Krüger-Nieland, BGB § 126 Rn. 9.
21 Burger, Schriftform, S. 53.
22 Baumgärtel-Laumen, Beweislast, BGB § 126 Rn. 1.
23 Erman-Brox, BGB § 126 Anm. A 8.
24 Köhler, AcP 182 (1982), 148.

ben worden sind (Strengbeweis).[25] Diese Bestimmung ist eine spezielle gesetzliche Beweisregel (Formalbeweis), die eine freie Beweiswürdigung nach § 286 ZPO ausschließt.[26]

3. Sonderproblem der Faksimileunterschrift

Bei gesetzlich vorgesehener Schriftform hat im deutschen Recht die Unterschrift eigenhändig zu erfolgen (§ 126 BGB).[27] Teilweise hat der Gesetzgeber jedoch den heutigen Bedürfnissen des Massenverkehrs dadurch Rechnung getragen, daß er auf die Eigenhändigkeit der Unterschrift verzichtet und die Verwendung der sog. "Faksimileunterschrift" zuläßt (§ 793 Abs. 2 Satz 2 BGB, § 426 Abs. 2 Nr. 9 HGB, § 13 Satz 1 AktG, Art. 2 § 8 2. WKSchG (MHRG), §§ 39 Abs. 1, 43 Nr. 4, 53 Abs. 1 Satz 2 VVG).

Unter "Faksimileunterschrift" versteht man die wirklichkeitsgetreue Nachbildung des eigenhändigen Namenszuges mittels mechanischer Vervielfältigungsverfahren.

Umstritten ist, ob sich aus den oben genannten Vorschriften den Rechtsgrundsatz herleiten läßt, daß bei allen Urkunden, die massenhaft ausgefertigt werden, die Verwendung faksimilierter Unterschriften zulässig ist.

a) Meinungsstand in der Rechtsprechung

Die Rechtsprechung[28] hat sich von einer strengen Handhabung des § 126 BGB[29] zu einer verkehrsfreundlichen Einstellung gewandelt.

Im Jahr 1970 sah der BGH die Schriftform des § 126 Abs. 1 BGB durch die Vervielfältigung eines Matrizenschreibens für die Mieterhöhungserklärung als nicht gewahrt mit der folgenden Begründung an: Da der Gesetzgeber für die bezeichneten Fälle ausdrücklich Ausnahmeregelungen geschaffen habe, verbiete sich insoweit von vornherein eine ausdehnende Anwendung dieser Vorschriften. Außerdem könnten keine unterschiedlichen Anforderungen aus dem bei den einzelnen Vorschriften unterschiedlichen Zweck der Schriftform an die Erfüllung der gesetzlichen Form abgeleitet werden, denn das Gesetz verlange die Einhaltung der Form ohne Rücksicht auf den Zweck der Aufstellung des Schriftformerfordernisses und bedrohe unterschiedslos die Verletzung dieser Formvorschrift mit Nichtigkeit.

In einem Fall aus dem Jahre 1977[29a] ließ der BGH jedoch ausdrücklich offen, ob zur Erfüllung der Schriftform "mit Rücksicht auf die unter Umständen sehr hohe Mitgliederzahl eine im Wege mechanischer Vervielfältigung hergestellte

25 RGRK-Krüger-Nieland, BGB § 126 Rn. 8.
26 MüKo-Säcker, BGB § 126 Rn. 6.
27 S.o. § 7 I. 1. a.
28 RGZ 106, 330; BGH LM Nr. 32 zu § 125 BGB, Nr. 1 zu § 93 i GewG = WM 1977, 339.
29 RGZ 74, 339.
29a BGH LM Nr. 1 zu § 93 i GenG = WM 1977, 339.

Namensunterschrift als ausreichend anzusehen" sei. Daraus läßt sich indes nicht der Schluß ziehen, daß der BGH dem Rationalisierungsargument aufgeschlossen gegenübersteht. Die Rechtsentwicklung ist daher in diesem Punkt noch nicht abgeschlossen.

b) Meinungsstand in der Literatur

Im Schrifttum[30] wird überwiegend die Auffassung vertreten, daß bei der gesetzlichen Schriftform des § 126 BGB ein Faksimile anstelle der eigenhändigen Unterschrift nicht verwendet werden dürfe, und zwar auch bei Verkehrsüblichkeit[31] und bei massenweiser Ausgabe der Urkunden[32], denn § 126 sei in dieser Hinsicht eindeutig formuliert. Das Erfordernis eigenhändiger Unterzeichnung lasse für eine Interpretation, die auch das Faksimile mit einbeziehen würde, keinen Raum, weil sich Eigenhändigkeit und Faksimile begrifflich ausschlößen.[33]

Teilweise[34] wird gleichwohl die Meinung vertreten, daß eine durch Faksimilestempel hergestellte Unterschrift bei einem Konnossement zur Wahrung der Schriftform ausreiche, weil die Herstellung von unter Umständen Hunderten von Konnossementsurkunden innerhalb weniger Stunden nach dem Beladen eines Schiffes dies erfordere.

c) Stellungnahme

Die grundsätzliche Ablehnung des Faksimile durch die h.M. ist insoweit unbedenklich, als sie nicht den schriftlichen Massenverkehr betrifft. Dieser jedoch bringt es mit sich, daß täglich eine Unzahl von Dokumenten anfällt, die der Unterzeichnung bedürfen. Hält man auch für diesen Bereich am Erfordernis der Eigenhändigkeit fest, so ist eine Behinderung und Verteuerung des Geschäftsverkehrs notwendige Folge. Denn Arbeitszeit und Arbeitskraft gerade der qualifizierten und hochbezahlten Führungsebene werden auf diese Weise für eine mechanische und unproduktive Tätigkeit gebunden.

Da die faksimilierte Unterschrift funktionell der eigenhändigen grundsätzlich gleichwertig ist,[35] kann man bei Massengeschäften dort, wo das Gesetz eine Auslegung zugunsten des Faksimile zuläßt, dem Interesse des Verkehrs an Rationalisierung und Formerleichterung entgegenkommen.[36] Daß die Faksimileun-

---

30 S.o. § 8 I. 1. a. m.w.N.

31 Erman-Brox, BGB § 126 Rn. 3.

32 Soergel-Hefermehl, BGB § 126 Rn. 7.

33 Burger, Schriftform, S. 66.

34 Schlegelberger-Liesecke, Seehandelsrecht, § 642 Rn. 11; Liesecke, WM 1961, 194 f.; Wüstendörfer, Seehandelsrecht, S. 298; von Eben-Worlée, Konnossement, S. 7.

35 Ausführlich dazu Köhler, AcP 182 (1982), 148 f.

36 Nur in Einzelfällen: So im BGB für die Ausgabe von Inhaberschuldverschreibungen: gem. § 793 Abs. 2 S. 2 BGB genügt zur Unterzeichnung "eine im Wege der mechani-

terzeichnung den Bedürfnissen der Praxis besser gerecht wird, zeigt sich bereits darin, daß sie – insbesondere bei Konnossementen[37] – weithin üblich ist.

III. Gegenüberstellung von herkömmlicher und elektronischer Unterschrift

1. Erscheinungsform und Bedeutung der elektronischen Unterzeichnung

Basis des elektronischen Unterzeichnungsverfahrens ist das RSA-Verschlüsselungsverfahren.[38] Jedem Geschäftspartner werden zwei zueinander gehörende Zahlenschlüssel zugeordnet, von denen einer geheim bleibt und der andere veröffentlicht wird. Wer ein Dokument elektronisch unterschreiben will, verschlüsselt es mit seinem Geheimschlüssel (TAN – Transaktionsnummer), der auf der Chip-Karte des Besitzers gespeichert wird.

Jede andere Geschäftspartei ist mit dem öffentlichen Schlüssel (PIN – Persönliche Identifikationsnummer) in der Lage, das Dokument wieder in Klartext zurückzuverwandeln.

Wegen der mathematischen Besonderheit des Systems (6stellige TAN in bestimmter Reihenfolge) kann jedoch immer nur die Person, die im Besitz des geheimen Schlüssels ist, die zum Klartext gehörende verschlüsselte Nachricht ausgedruckt erhalten. Demnach hat die TAN die Funktion einer besonderen Identifikationsprüfung, die zur Bestimmung der individuellen Berechtigung auf eine quasi 'elektronische Unterschrift' zurückgreift. Solche Btx-TAN ersetzt die Unterschrift im gewöhnlichen Bankverkehr bereits.[39] Dabei ist zu berücksichtigen, daß in diesem Bereich die Schriftform des § 126 Abs. 1 BGB nicht gesetzlich vorgeschrieben ist.

---

schen Vervielfältigung hergestellte Namensunterschrift", also ein Faksimile. Im Aktienrecht läßt § 13 Satz 1 AktG (früher § 181 HGB) zur Unterzeichnung von Aktien und Zwischenscheinen eine "vervielfältigte Unterschrift" genügen. Im Frachtrecht ist nach § 426 Abs. 2 Nr. 9 HGB "eine im Wege der der mechanischen Vervielfältigung hergestellte Unterschrift" zur Unterzeichnung des Frachtbriefs genügend (vgl. ferner § 56 X EVO, § 5 Abs. 1 S. 2 CMR). Im Versicherungsrecht reicht zur Unterzeichnung des Versicherungsscheins gem. § 3 Abs. 1 Satz 2 VVG "eine Nachbildung der eigenen Unterschrift" des Versicherers, das gleiche gilt gem. § 39 Abs. 1 Satz 1 HS 2 VVG für die Fristbestimmung zur Zahlung einer Folgeprämie sowie für die Prämienrechnung gem. § 43 Ziff. 4 VVG.

37 Köhler, AcP 182 (1982), 148 f.

38 S.o. § 6 III. 2. b; Seidel, CR 1993, 484 f.; s.u. § 8 III. 3.b.

39 Brauner, Erklärungsrisiko, S. 138.

2. *Vor- und Nachteile der elektronischen im Verhältnis zur herkömmlichen Unterzeichnung*

Die Ersetzbarkeit der herkömmlichen bzw. eigenhändigen Unterschrift durch die elektronische wäre nicht gegeben, wenn die beiden funktionell nicht gleichwertig wären.

Hinsichtlich Abschluß- und Identitätsfunktion sind Unterschiede zwischen eigenhändiger und elektronischer Unterschrift nicht ersichtlich. Ebenso wie die eigenhändige macht auch die elektronische Unterschrift den Abschluß der Erklärung und die Identität des Ausstellers kenntlich.[40] Beispielsweise werden die Vertragsparteien im Bankgeschäft über Kontonummer und Btx-PIN identifiziert. Bei der codierten Unterschrift wird durch die Eingabe der Btx-TAN zum Ausdruck gebracht, daß der Teilnehmer die Erklärung im Rechtsverkehr gegen sich gelten lassen will.

Nur bei der Echtheitsfunktion können sich Zweifel ergeben. Nicht nur der Empfänger, sondern auch der Namensträger und die Allgemeinheit haben ein schutzwürdiges Interesse daran, daß der Rechtsverkehr von gefälschten und verfälschten Unterschriften frei bleibt.[41]

Die eigenhändige Unterschrift ist so bedeutsam, weil sie die Echtheit eines Dokuments in hohem Maße gewährleistet. Zwar kann der Adressat bei einer unbeglaubigten Unterschrift nie sicher sein, ob diese authentisch oder gefälscht ist; die Individualität des Schriftzuges erschwert aber zuminderst die Fälschung und erleichtert die Echtheitsprüfung durch Unterschriftenvergleich.

Wegen der einmaligen Benutzung der Btx-TAN und der Geheimhaltung von Btx-PIN und Btx-TAN ist die elektronische Unterschrift sogar besser als die eigenhändige Unterzeichnung gegen Fälschungen geschützt.[42] Im zweiten Fall sind die Namen allgemein bekannt, und die Nachahmung des individuellen Schriftzuges kann ungestört eingeübt werden.

Hinsichtlich der Warnfunktion ist die elektronische Unterschrift nicht unterlegen,[43] denn im schriftlichen Massenverkehr können auch eigenhändige und faksimilierte Unterzeichnungen den Unterzeichner nicht vor Übereilung schützen.[44]

Schließlich hat die elektronische Unterschrift Beweisfunktion, obwohl eine formell beweiskräftige Urkunde unterschrieben oder mittels notariell beglaubigtem Handzeichen unterzeichnet sein sollte (§ 416 ZPO).[45] Wer ein mit einer elektronischen Unterzeichnung versehenes Computer-Dokument besitzt, kann notfalls vor Gericht nachweisen, daß es ohne Zusätze und Streichungen zuge-

40 A.A. Seidel, CR 1993, 485.

41 So treffen Art. 7, 69 WG, Art. 10, 51 ScheckG besondere Regelungen für die Fälschung und Verfälschung von Unterschriften. Dazu auch § 267 StGB.

42 Seidel, CR 1993, 485.

43 Seidel, CR 1993, 485.

44 Köhler, AcP 182 (1982), 149; Seidel, CR 1993, 485.

45 Umstritten, s.o. § 7 II. 3. a. aa. m.w.N.

schickt wurde und daß es nur von einer ganz bestimmten anderen Person produziert worden sein kann. Somit unterliegt eine Urkunde mit elektronischer Unterschrift wenigstens der freien Beweiswürdigung durch den Richter nach § 286 Abs. 1 ZPO (Freibeweis).[46]

Damit kann gesagt werden, daß der Wert der elektronischen Unterschrift sich dem Wert der herkömmlichen Unterzeichnung annähert und teilweise die Funktionen der eigenhändigen Unterschrift ersetzen kann.

3. *Rechtliche Einordnung der elektronischen Unterschrift bei der Transportdokumentation*

Angesichts der weitgehenden funktionellen Gleichwertigkeit ist es mit Rücksicht auf das erhebliche Rationalisierungsbedürfnis im Bereich der Transportdokumentation[47] – zumindest auf lange Sicht – unausweichlich, die elektronische Unterschrift als formwirksam im Sinne der gesetzlichen und gewillkürten Vorgaben anzuerkennen.

a) *Konsequenzen für die deutsche Gesetzgebung*

Rechtssicherheit und Rechtsklarheit sind nur dadurch zu gewährleisten, daß der Gesetzgeber die bestehenden Regelungen der veränderten Situation anpaßt bzw. neue erläßt.[48] Nur dann haben die Geschäftsparteien einerseits gesicherte Positionen gegen Zweifel und Streit, andererseits sind sie nicht in solchem Maße dem Risiko uneinheitlicher Gerichtsentscheidungen ausgeliefert. Um dies zu erreichen, könnte man entweder den Anwendungsbereich des § 126 BGB eingrenzen[49] oder die elektronische Unterzeichnung in den speziellen Vorschriften der jeweiligen Gesetze zulassen.[50]

Wurde das Schriftformerfordernis rechtsgeschäftlich begründet, so genügt nach § 127 BGB (gewillkürte Schriftform) die "telegrafische Übermittlung", soweit nicht ein anderer Wille der Vertragsparteien anzunehmen ist. Ob die elektronische Unterschrift diese Voraussetzung erfüllt, ist zu klären.

Es wird die Auffassung vertreten, die elektronische Übermittlung sei der telegrafischen oder fernschriftlichen nicht vergleichbar.[51] Zwar könne die Schriftform bei der Computerübermittlung durch das Ausdrucken der jeweiligen

46 Seidel, CR 1993, 412.
47 S.o. § 6 I. 1.
48 Henriksen, Paperless Trade and Transport, S. 71 f.
49 Köhler, AcP 182 (1982), 150 f. am Beispiel der Quittung.
50 In der Art von § 426 Abs. 2 Nr. 9 HGB (Zulässigkeit der faksimilierten Unterschrift); s.o. § 8 I. 1. a. Neu: Gesetz zur digitalen Signatur (Signaturgesetz – SigG), veröffentlicht als Art. 3 des Gesetzes zur Regelung der Rahmenbedingungen für Informations- und Kommunikationsdienste in der Fassung des Beschlusses des Deutschen Bundestages vom 13. Juni 1997 (BT-Drs. 13/7934 vom 11. 06. 1997).
51 Ring/Nartstein, Bildschirmtext, S. 49.

Nachricht hergestellt werden, doch sei dies keinesfalls die Regel. Werde ein Text aber nicht ausgedruckt, so fehle es an einem greifbaren Beleg. Der elektronischen Unterschrift komme daher nicht der Beweiswert zu, der mit dem Schriftformerfordernis angestrebt werde.

Die elektronische Unterzeichnung kann jedoch ohne weiteres das Schriftformerfordernis des § 127 BGB erfüllen, weil der Geheimschlüssel auf der Chip-Karte des Besitzers gespeichert und auch der Text jederzeit abrufbar ist. Darüber hinaus können die Vertragsparteien die Verwendung der elektronischen Übermittlung vereinbaren.

b) Konsequenzen für internationale Übereinkommen

Auf der internationalen Ebene ist die Rechtsgültigkeit der elektronischen Unterschrift durch verschiedene Übereinkommen indirekt anerkannt worden. Art. 14 (3) HR bestimmt "the signature on the bill of lading ... made by any other ... electronic means", jedoch fällt er unter dem Vorbehalt: "if not inconsistent with the law of the country where the bill of lading is issued". Diese Vorschrift ermöglicht dem internationalen Handel und Transport die Anwendung des elektronischen Übermittlungsverfahrens, das ebenfalls schwierig enger definiert werden kann.

Außerdem sieht der Art. 5 Abs. 2 WA i.d.F. von Art. III des Zusatzprotokolls Nr. 4 von Montreal eine dem Computer-Zeitalter gemäße Regelung vor, die bei künftigen Revisionen von Übereinkommen und Gesetzen als Vorbild dienen kann. Demgemäß sind neben dem Luftfrachtbrief mit Billigung des Absenders "any other means which would preserve a record of the carriage to be performed" zugelassen. Dies ist die vage Umschreibung des Datenschutzes in der Transportdokumentation.

Da die gesetzlichen Bestimmungen und Gepflogenheiten im Rahmen der Transportdokumentation in den Ländern sehr unterschiedlich sind, hat die ECE-Arbeitsgruppe zur Erleichterung des internationalen Handelsverfahrens in Genf 1979 einen den Bedürfnissen des Computer-Zeitalters entsprechenden Vorschlag gemacht. Der Vorschlag der ECE-Arbeitsgruppe lautet: „Recommends to Governments and international organizations responsible for relevant intergovernmental agreements to study national and international texts which embody requirments for signatures on documents needed in international trade and to give consideration to amending such provisions, where necessary, so that the information which the document contained may be prepared and transmitted by electronic or other automatic means of data transfer and the requirement of a signature may be met by authentication quaranteed by the means used in the transmission, and recommends to all organizations concerned with the facilitation of international trade procedures to examine current commercial documents, to identify those where signature could safely be eliminated and to amount an extensive programme of education and training in order to introduce the necessary changes in commercial practices."[52]

In der neuen Fassung der ERA (1993)[53] erscheint erstmals eine Regel, auf welche Weise Dokumente unterzeichnet sein können, wobei die elektronische Authentisierungsmethode anerkannt worden ist (Art. 20 b ii. ERA).

Zwischenergebnis zu § 8

Sowohl national als auch international ist das Unterschriftserfordernis für die Transportdokumentation in bestimmten Fällen geregelt. Da eine eigenhändige Unterschrift Abschluß-, Identitäts-, Echtheits-, Warn- sowie Beweisfunktion besitzt, müssen sich die neuen Methoden für die Bewahrung der Authentizität dieser Funktion annähern.

Eine Faksimileunterschrift wurde inzwischen auf internationaler Ebene bei der Transportdokumentation weitgehend anerkannt, während deutsche Gesetze die Verwendung solcher Unterschriftsformen bei den Traditionspapieren immer noch ausschließen.

Eine elektronische Unterschrift ist der herkömmlichen Unterzeichnung gleichwertig, denn sie erfüllt tatsächlich deren Funktionen. Für die elektronische Unterzeichnung gilt eine ähnliche Rechtslage wie bei der Faksimileunterschrift, wobei die deutsche Gesetzgebung entweder die derzeitigen einschlägigen Vorschriften ändern oder die elektronische Unterschrift in den speziellen Vorschriften der jeweiligen Gesetze über die Transportdokumente zulassen sollte.

52 Henriksen, Paperless Trade and Transport, S. 72.

53 S.o. § 1 II. 6.

Dritter Teil: Schluß

§ 9 Zusammenfassung der Ergebnisse

Im Transportverkehr werden viele Arten von Dokumenten verwendet, die sich historisch unterschiedlich entwickelt haben und rechtlich in verschiedenen Entwicklungsformen bestehen. Die herkömmlichen Transportpapiere sind unter einfachen transporttechnischen Bedingungen entstanden und wurden seit fast einem Jahrhundert von nationalen Gesetzen relativ genau geregelt. Moderne Transporttechniken haben dagegen erst wenige Jahrzehnte Geschichte und besitzen dementsprechend noch keine derart hochentwickelte nationale Rechtsgrundlage. Seit einigen Jahren wird sowohl theoretisch als auch praktisch versucht, elektronische Transportdokumente aufgrund der fortentwickelten Kommunikationskapazitäten an die Stelle von Warendokumenten aus Papier zu setzen, um im internationalen Handel ein papierloses Dokumentationssystem zu schaffen. Allerdings werden die elektronischen Transportpapiere von der nationalen Gesetzgebung sehr wenig berücksichtigt.

Da Transportdokumente immer in irgendeiner Weise Waren vertreten und wegen der unterschiedlichen wirtschaftlichen Anforderungen verschiedene Funktionen besitzen, ist es für die Beteiligten an der jeweiligen Transaktion notwendig, die Vielzahl der in der Praxis vorkommenden Dokumente nach bestimmten Kriterien zu bewerten.

1. Herkömmlich (s.o. §§ 2, 3) werden die Transportdokumente unter rein funktionalen Gesichtspunkten danach eingeteilt, ob es sich um Traditionspapiere mit Wertpapiereigenschaft (Konnossement, Ladeschein und Orderlagerschein) auf gesetzlicher Grundlage oder sonstige Warendokumente ohne Wertpapiereigenschaft auf rechtsgeschäftlicher Grundlage handelt.

Die Traditionspapiere repräsentieren den Besitz an der Ware und ermöglichen damit eine erleichterte Form der Übereignung, denn für den Erwerb von Rechten an Gütern hat die Übergabe der Urkunde "dieselben Wirkungen wie die Übergabe des Gutes" (§§ 424, 444, 642 HGB, "Traditionsfunktion"). Alle drei Traditionspapiere gehören zum Kreis der Orderpapiere des § 363 HGB und haben den Charakter eines Wertpapiers sowohl im weiteren als auch im engeren Sinne. Konnossement und Ladeschein sind allerdings keine "geborenen" Orderpapiere und müssen ausdrücklich mit Orderklausel versehen werden. Als Orderpapiere zeichnen sich die Traditionspapiere durch erweiterten Gutglaubensschutz aus, weil § 365 HGB hinsichtlich der Wirkung eines Indossaments auf die Vorschriften des Wechselgesetzes verweist. Außer der Traditionsfunktion, die das wesentliche Kriterium für ein Traditionspapier ist, haben die Traditionspapiere noch die Funktion der Empfangsbestätigung und der Verbriefung des Herausgabeanspruchs sowie die Beweis-, Präsentations-, Legitimations- und Transportfunktion.

Die einzelnen Traditionsdokumente mit Wertpapiereigenschaft sind im deutschen Recht genau geregelt. Im HGB und anderen Gesetzen findet man Vorschriften über das Konnossement für den Seetransport (§§ 642 ff. HGB), den Ladeschein für die Landfracht und Binnenschiffahrt (§§ 444 ff. HGB i.V.m. §§ 26, 72-76, BSchG) sowie den Orderlagerschein für das Lagergeschäft (§ 424 HGB). Die eigentliche wirtschaftliche Bedeutung solcher Traditionspapiere entfaltet sich jedoch nicht in den transportvertraglichen Beziehungen, sondern im Warenumsatzgeschäft und bei der Zahlungsabwicklung, vor allem im Akkreditivgeschäft.

2. Statt wie bei den herkömmlichen Transportpapieren nach der Funktion des Dokumentes werden die modernen kombinierten Transportdokumente (s.o. §§ 4, 5) oft nach der Funktion des Dokumentenausstellers eingeteilt. Insbesondere beim Akkreditivgeschäft werden im Prinzip nur die multimodalen Dokumente angenommen, die vom Frachtführer ausgestellt worden sind. Ein durch einen Spediteur ausgestelltes Transportdokument wird nur dann von einer Bank angenommen, wenn Spediteure in der Eigenschaft eines Frachtführers oder Multimodal Transport Operators oder als deren Agent unterzeichnen.

Die frachtrechtlichen Grundlagen des kombinierten Transports sind noch nicht so umfassend geregelt wie bei dem herkömmlichen Transportverkehr. Es bestehen verschiedene nationale Frachtrechte je nach Beförderungsmittel, während die Sonderregeln in internationalen Vorschriften über kombinierte Transporte unvollkommen sind. Durch einige nichtstaatliche, internationale Organisationen sind kombinierte Transportdokumente ausgestaltet bzw. geregelt worden.

Die rechtlichen Eigenschaften der kombinierten Transportdokumente unterscheiden sich nicht sehr viel von denen der herkömmlichen, wobei die Besonderheiten solcher Dokumente zu beachten sind, nämlich die Funktion der Empfangsbestätigung, die Sperrfunktion und die Funktion des erweiterten Gutglaubensschutzes. Außerdem sind eine durchgehende Haftung des Frachtführers im Rahmen des sog. Network-Systems sowie das Prinzip der Einheitshaftung zu gewährleisten. Schließlich können die kombinierten Transportdokumente ebenfalls Wertpapiereigenschaft besitzen, weil sie die wesentlichen Voraussetzungen für ein Wertpapier erfüllen.

Die wichtigsten modernen kombinierten Transportdokumente sind die FIATA Combined Transport Bill of Lading (FBL) und das CT-Dokument der ICC. Während die Durchkonnossemente weder auf internationalen Übereinkommen noch nationalen Rechtsvorschriften beruhen, sind die FBL und das CT-Dokument von internationalen Organisationen geschaffen und ausgestaltet worden.

Obwohl derartige, auf privater Grundlage geschaffene Transportdokumente wegen des numerus clausus nicht zu dem Kreis der herkömmlichen Transportpapiere gehören, sprechen die Gemeinsamkeiten solcher Dokumente jedoch für ihre rechtliche Gleichbehandlung, insbesondere im Hinblick auf die Anerkennung der Traditionswirkung. In der Praxis werden durch das CT-Dokument aufgrund seiner Vorteile wie z.B. Schnelligkeit und Rationalisierung 95% der im kombinierten Verkehr verwendeten Dokumente überflüssig.

Es ist jedoch sinnvoll, die bereits weltweit anerkannten und in der Praxis verwendeten kombinierten Transportdokumente in die nationale Gesetzgebung zu übernehmen, um rechtliche Unklarheiten im Zusammenhang mit diesen Dokumenten zu beseitigen.

3. Bei der Entmaterialisierung der Transportdokumentation (s.o. §§ 6, 7, 8) kommen die Unübersichtlichkeit und die verwirrende Vielzahl der Transportdokumente im modernen Handelsverkehr, Rationalisierungsbestrebungen, die Vermeidung von Güterstaus sowie die Betrugsprävention als Motive in Betracht. Ferner sprechen die Interessen der beteiligten Parteien an der jeweiligen Transaktion für den Abschied von Warendokumenten aus Papier.

In der Praxis wird bereits versucht, Transportpapiere, vor allem Traditionspapiere, durch short-form-Konnossemente, destination bills of lading, Registrierung und Hinterlegung der Konnossemente sowie Cargo Key Receipts zu verdrängen. Dies geschieht, um allmählich Dokumente aus Papier überflüssig zu machen. Insbesondere das Konnossement wird durch den nichtbegebbaren, aber ansonsten rechtlich vorteilhafteren Seefrachtbrief weitgehend ersetzt. Alle diese Dokumente sollen jedoch bei der Ausstellung eines Konnossements dort nicht im Wege stehen, wo ein begebbares Traditionspapier bzw. ein Warenpapier mit Wertpapiereigenschaft benötigt wird.

Diese vollständige Entmaterialisierung der Transportdokumentation kollidiert mit vielen Rechtsvorschriften. Zwar läßt sich ein elektronisches Transportdokument aufgrund der fehlenden Rechtsgrundlage leicht definieren, nach dem geltenden Recht müssen jedoch bestimmte Arten von Transportdokumenten in Papierform ausgestellt werden. Die Einführung neuer EDV-Systeme zwingt nicht ohne weiteres zu einer Anpassung der gesetzlichen Bestimmungen, weil die neue Technik in Übereinstimmung mit dem geltenden Recht steht, indem sie dem mit diesen Bestimmungen verfolgten Zweck nicht widerspricht. Außerdem ist eine elektronisch übermittelte Willenserklärung bei der Transportdokumentation genau so wirksam wie eine auf einem Papierdokument per Post übermittelte Willenserklärung, jedoch schneller bzw. effektiver. Schließlich besitzt ein elektronisches Transportdokument auch Beweiswert, obwohl dies technisch noch zu sichern und gesetzlich zu regeln ist.

Besonders wichtig sind die Fähigkeit zur Übertragung der Rechte an Waren auf dem Transport sowie die Wertpapiereigenschaft eines elektronischen Konnossements. Aufgrund der technischen Fortentwicklung ist die Bewahrung der Negotiabilität eines Konnossements durch elektronische Übertragung möglich. International ist das elektronische Konnossement bereits durch Übereinkommen ausgestaltet worden. Die nationalen Gesetzgebungen sollten dies nachholen.

Schließlich ergeben sich im Bereich der elektronischen Transportdokumentation eigenständige Probleme nur dort, wo die Parteien an der Verwendung von Dokumenten festhalten müssen, während diese Papiere mit Textautomaten bzw. Computern hergestellt und nicht mehr eigenhändig unterschrieben werden.

Sowohl national als auch international ist das Unterschriftserfordernis für die Transportdokumentation in bestimmten Fällen geregelt. Da eine eigenhändige

Unterschrift Abschluß-, Identitäts-, Echtheits-, Warn- sowie Beweisfunktion besitzt, müssen sich die neuen Methoden für die Bewahrung der Authentizität dieser Funktion annähern.

Eine Faksimileunterschrift wurde inzwischen auf internationaler Ebene bei der Transportdokumentation weitgehend anerkannt, während deutsche Gesetze die Verwendung solcher Unterschriftsformen bei den Traditionspapieren immer noch ausschließen.

Eine elektronische Unterschrift ist der herkömmlichen Unterzeichnung gleichwertig, denn sie erfüllt tatsächlich deren Funktionen. Für die elektronische Unterzeichnung gilt eine ähnliche Rechtslage wie bei der Faksimileunterschrift, wobei die deutsche Gesetzgebung entweder die derzeitigen einschlägigen Vorschriften ändern oder die elektronische Unterschrift in den speziellen Vorschriften der jeweiligen Gesetze über die Transportdokumente zulassen sollte.

Anhang 1

CMI Uniform Rules for Sea Waybills

1. Scope of Application

(i) These Rules shall be called the "CMI Uniform Rules for Sea Waybills".
(ii) They shall apply when adopted by a contract of a carriage which is not covered by a bill of lading or similar document of title, whether the contract be in writing or not.

2. Definitions

In these Rules:
"Contract of carriage" shall mean any contract of carriage subject to these Rules which is to be performed wholly or partly by sea.
"Goods" shall mean any goods carried or received for carriage under a contract of carriage.
"Carrier" and "Shipper" shall mean the parties named in or identifiable as such from the contract of carriage.
"Consignee" shall mean the party named in or identifiable as such from the contract of carriage, or any person substituted as consignee in accordance with rule 6 (i).
"Right of Control" shall mean the rights and obligations referred to in rule 6.

3. Agency

(i) The shipper on entering into the contract of carriage does so not only on his own behalf but also as agent for and on behalf of the consignee, and warrants to the carrier that he has authority so to do.
(ii) This rule shall apply if, and only if, it be necessary by the law applicable to the contract of carriage so as to enable the consignee to sue and be sued thereon. The consignee shall be under no greater liability than he would have been had the contract of carriage been covered by a bill of lading or similar document of title.

4. Rights and Responsibilities

(i) The contract of carriage shall be subject to any International Convention or National Law which is, or if the contract of carriage had been covered by a bill of lading or similar document of title would have been, compulsorily applicable thereto. Such convention or law shall apply notwithstanding anything inconsistent therewith in the contract of carriage.
(ii) Subject always to subrule (i), the contract of carriage is governed by:

(a) these Rules;
(b) unless otherwise agreed by the parties, the carrier's standard terms and conditions for the trade, if any, including any terms and conditions relating to the non-sea part of the carriage;
(c) any other terms and conditions agreed by the parties.
(iii) In the event of any inconsistency between the terms and conditions mentioned under subrule (ii) (b) or (c) and these Rules, these Rules shall prevail.

5. Description of the Goods

(i) The shipper warrants the accuracy of the particulars furnished by him relating to the goods, and shall indemnify the carrier against any loss, damage or expense resulting from any inaccuracy.
(ii) In the absence of reservation by the carrier, any statement in a sea waybill or similar document as to the quantity or condition of the goods shall
(a) as between the carrier and the shipper be prima facie evidence of receipt of the goods as so stated;
(b) as between the carrier and the consignee be conclusive evidence of receipt of the goods as so stated, and proof to the contrary shall not be permitted, provided always that the consignee has acted in good faith.

6. Right of control

(i) Unless the shipper has exercised his option under subrule (ii) below, he shall be the only party entitled to give the carrier instructions in relation to the contract of carriage. Unless prohibited by the applicable law, he shall be entitled to change the name of the consignee at any time up to the consignee claiming delivery of the goods after their arrival at destination, provided he gives the carrier reasonable notice in writing, or by some other means acceptable to the carrier, thereby undertaking to indemnify the carrier against any additional expense caused thereby.
(ii) The shipper shall have the option, to be exercised not later than the receipt of the goods by the carrier, to transfer the right of control to the consignee. The exercise of this option must be noted on the sea waybill or similar document, if any. Where the option has been exercised the consignee shall have such rights as are referred to in subrule (i) above and the shipper shall cease to have such rights.

7. Delivery

(i) The carrier shall deliver the goods to the consignee upon production of proper identification.

(ii) The carrier shall be under no liability for wrong delivery if he can prove that he has exercised reasonable care to ascertain that the party claiming to be the consignee is in fact that party.

8. Validity

In the event of anything contained in these Rules or any such provisions as are incorporated into the contract of carriage by virtue of rule 4, being inconsistent with the provisions of any International Convention or National Law compulsorily applicable to the contract of carriage, such Rules and provisions shall to that extent but no further be null and void.

Anhang 2

CMI Rules for Electronic Bills of Lading

1. Scope of application

These rules shall apply whenever the parties so agree.

2. Definitions

a. "Contract of Carriage" means any agreement to carry goods wholly or partly by sea.
b. "EDI" means Electronic Data Interchange, i.e. the interchange of trade data effected by teletransmission.
c. "UNIEDIFACT" means the United Nations Rules for Electronic Data Interchange for Administration, Commerce and Transport.
d. "Transmission" means one or more messages electronically sent together as one unit of dispatch which includes heading and terminating data.
e. "Confirmation" means a Transmission which advises that the content of a Transmission appears to be complete and correct, without prejudice to any subsequent consideration or action that the content may warrant.
f. "Private Key" means any technically appropriate form, such as a combination of numbers and/or letters, which the parties may agree for securing the authenticity and integrity of a Transmission.
g. "Holder" means the party who is entitled to the rights described in Article 7 (a) by virtue of its possession of a valid Private Key.
h. "Electronic Monitoring System" means a device by which a computer system can be examined for the transactions that it recorded, such as a Trade Data Log or an Audit Trail.
i. "Electronic Storage" means any temporary, intermediate or permanent storage of electronic data including the primary and the back-up storage of such data.

3. Rules of procedure

a. When not in conflict with these Rules, the Uniform Rules of Conduct for Interchange of Trade Data by Teletransmission, 1987 (UNCID) shall govern the conduct between the parties.
b. The EDI under these Rules should conform with the relevant UN/EDIFACT standards. However, the parties may use any other method of trade data interchange acceptable to all of the users.
c. Unless otherwise agreed, the document format for the Contract of Carriage shall conform to the UN Layout Key or compatible national standard for bills of lading.

d. Unless otherwise agreed, a recipient of a Transmission is not authorised to act on a Transmission unless he has sent a Confirmation.
e. In the event of a dispute arising between the parties as to the data actually transmitted, an Electronic Monitoring System may be used to verify the data received. Data concerning other transactions not related to the data in dispute are to be considered as trade secrets and thus not available for examination. If such data are unavoidably revealed as part of the examination of the Electronic Monitoring System, they must be treated as confidential and not released to any outside party or used for any other purpose.
f. Any transfer of rights to the goods shall be considered to be private information, and shall not be released to any outside party not connected to the transport or clearance of the goods.

4. Form and content of the receipt message

a. The carrier, upon receiving the goods from the shipper, shall give notice of the receipt of the goods to the shipper by a message at the electronic address specified by the shipper.
b. This receipt message shall include:
(i) the name of the shipper;
(ii) the description of the goods, with any representations and reservations, in the same tenor as would be required if a paper bill of lading were issued;
(iii) the date and place of the receipt of the goods;
(iv) a reference to the carrier's terms and conditions of carriage; and
(v) the Private Key to be used in subsequent Transmissions.
The shipper must confirm this receipt message to the carrier, upon which Confirmation the shipper shall be the Holder.
e. Upon demand of the Holder, the receipt message shall be updated with the date and place of shipment as soon as the goods have been loaded on board.
d. The information contained in (ii), (iii) and (iv) of paragraph (b) above, including the date and place of shipment if updated in accordance with paragraph (c) of this Rule, shall have the same force and effect as if the receipt message were contained in a paper bill of lading.

5. Terms and conditions of the contract of carriage

a. It is agreed and understood that whenever the carrier makes a reference to its terms and conditions of carriage, these terms and conditions shall form part of the Contract of Carriage.
b. Such terms and conditions must be readily available to the parties to the Contract of Carriage.
c. In the event of any conflict or inconsistency between such terms and conditions and these Rules, these Rules shall prevail.

6. Applicable Law

The Contract of Carriage shall be subject to any international convention or national law which would have been compulsorily applicable if a paper bill of lading had been issued.

7. Right of control and transfer

a. The Holder is the only party who may, as against the carrier:
(i) claim delivery of the goods;
(ii) nominate the consignee or substitute a nominated consignee for any other party, including itself;
(iii) transfer the Right of Control and Transfer to another party;
(iv) instruct the carrier on any other subject concerning the goods, in accordance with the terms and conditions of the Contract of Carriage, as if he were the holder of a paper bill of lading.
b. A transfer of the Right of Control and Transfer shall be effected:
(i) by notification of the current Holder to the carrier of its intention to transfer its Right of Control and Transfer to a proposed new Holder, and
(ii) confirmation by the carrier of such notification message, whereupon
(iii) the carrier shall transmit the information as referred to in Rule 4 (except for the Private Key) to the proposed new Holder, whereafter
(iv) the proposed new Holder shall advise the carrier of its acceptance of the Right of Control and Transfer, whereupon
(v) the carrier shall cancel the current Private Key and issue a new Private Key to the new Holder.
c. If the proposed new Holder advises the carrier that it does not accept the Right of Control and Transfer or fails to advise the carrier of such acceptance within a reasonable time, the proposed transfer of the Right of Control and Transfer shall not take place. The carrier shall notify the current Holder accordingly and the current Private Key shall retain its validity.
d. The transfer of the Right of Control and Transfer in the manner described above shall have the same effect as the transfer of such rights under a paper bill of lading

8. The Private Key

a. The Private Key is unique to each successive Holder. It is not transferable by the Holder. The carrier and the Holder shall each maintain the security of the Private Key.
b. The carrier shall only be obliged to send a Confirmation of an electronic message to the last Holder to whom it issued a Private Key, when such Holder secures the Transmission containing such electronic message by the use of the Private Key.

c. The Private Key must be separate and distinct from any means used to identify the Contract of Carriage, and any security password or identification used to access the computer network.

9. Delivery

a. The carrier shall notifiy the Holder of the place and date of intended delivery of the goods. Upon such notification the Holder has a duty to nominate a consignee and to give adequate delivery instructions to the carrier with verification by the Private Key. In the absence of such nomination, the Holder will be deemed to be the consignee.
b. The carrier shall deliver the goods to the consignee upon production of proper identification in accordance with the delivery instructions specified in paragraph (a) above; such delivery shall automatically cancel the Private Key.
c. The carrier shall be under no liability for misdelivery if it can prove that it exercised reasonable care to ascertain that the party who claimed to be the consignee was in fact that party.

10. Option to receive a paper document

a. The Holder has the option at any time prior to delivery of the goods to demand from the carrier a paper bill of lading. Such document shall be made available at the location to be determined by the Holder, provided that no carrier shall be obliged to make such document available at a place where it has no facilities and in such instance the carrier shall only be obliged to make the document available at the facility nearest to the location determined by the Holder. The carrier shall not be responsible for delays in delivering the goods resulting from the Holder excercising the above option.
b. The carrier has the option at any time prior to delivery of the goods to issue to the Holder a paper bill of lading unless the exercise of such option could result in undue delay or disrupts the delivery of the goods.
c. A bill of lading issued under Rules 10(a) or (b) shall include:
(i) the information set out in the receipt message referred to in Rule 4 (except for the Private Key); and
(ii) a statement to the effect that the bill of lading has been issued upon termination of the procedures for EDI under the CMI Rules for Electronic Bills of Lading. The aforementioned bill of lading shall be issued, at the option of the Holder, either to the order of the Holder whose name for this purpose shall then be inserted in the bill of lading or "to bearer".
d. The issuance of a paper bill of lading under Rule 10(a) or (b) shall cancel the Private Key and terminate the procedures for EDI under these Rules. Termination of these procedures by the Holder or the carrier will not relieve any of the parties to the Contract of Carriage of their rights, obligations or

liabilities while performing under the present Rules nor of their rights, obligations or liabilities under the Contract of Carriage.

c. The Holder may demand at any time the issuance of a print-out of the receipt message referred to in Rule 4 (except for the Private Key) marked as "non-negotiable copy". The issuance of such a print-out shall not cancel the Private Key nor terminate the procedures for EDI.

11. Electronic data is equivalent to writing

The carrier and the shipper and all subsequent parties utilizing these procedures agree that any national or local law, custom or practice requiring the Contract of Carriage to be evidenced in writing and signed, is satisfied by the transmitted and confirmed electronic data residing on computer data storage media displayable in human language on a video screen or as printed out by a computer. In agreeing to adopt these Rules, the parties shall be taken to have agreed not to raise the defence that this contract is not in writing.

FSC
www.fsc.org
MIX
Papier | Fördert gute Waldnutzung
FSC® C083411

Kolibri 360 GmbH
Ferdinand-Jühlke-Straße 7
99095 Erfurt, Deutschland
produktsicherheit@kolibri360.de

Druck:
CPI Druckdienstleistungen GmbH
im Auftrag der
Kolibri 360 GmbH
Ferdinand-Jühlke-Str. 7
99095 Erfurt